みんなで子育て参戦！

「あ・い・う・え・お」が心をつなぐ

萩本悦久

まえがき

昔の写真を整理していたら、一枚の古い写真が出てきました。昭和二十（一九四五）年八月十五日に終戦。その翌年の二月頃、東京でカメラ店をしていた父が撮った疎開先の埼玉・浦和での家族写真です。末っ子の私は三歳、三男の欽一（コメディアンの萩本欽一。通称・欽ちゃん）は四歳の時です。

私はこの写真を見て、終戦後、まだ半年しか経《た》っていないというのに、萩本家は、とても明るい家族だったんだと思いました。

当時、次兄は東京の中学校に通っていたので、朝は家を早く出ましたが、夕食はいつも家族全員そろって食べました。

食卓に並ぶおかずは、肉じゃがなど一品料理と漬物《つけもの》で粗末《そまつ》なものでしたが、家族の団欒《だんらん》は、楽しい場になりました。ただ幼かった私は、遊び疲れて、食事中こっくりすることがしばしばありました。

「よっちゃん（著者のこと）、食べ終わってから寝なさい」との母の声が、今も聞こえてくるようです。それでも食事中に寝てしまう私を、長姉が抱きかかえて、布団に寝かせてくれたものでした。

この頃、炊事、洗濯、掃除、買い物などの家事は、今のように家電製品などなかったので、すべて手作業でした。姉や兄たちが分担をしてやっていました。特に裁縫《さいほう》は、母より長姉のほうが上手でした。そして、私と欽ちゃんは小さかったので、遊ぶことが仕事でした。

昔は、我が家のように、どこの家でも、人間社会の人と人とのコミュニケーションで、家族の絆《きずな》が生まれていきました。

ところで、本書『みんなで子育て参戦！』を書くきっかけは、この一枚の写真からでした。

おなかがすいても、腹いっぱいに食べることができなかったこと。冷蔵庫がなかったので、魚や肉は食べる時に買いに行き、その日に食べてしまうこと。食卓には、できるだけ保存のきく乾物《かんぶつ》類を使った

前列左から次姉圭子、著者、三兄欽一、次兄安是。後列左から母トミ、お手伝いさん、長姉玲子

こと。おしゃれをしたくても、着るものが手に入らなかったことなど。どれも、今の豊かな生活に慣れている人には、実感がわかないと思います。分かるのは、シニア世代の方々でしょう。

この当時、物不足で不便な生活に、不満を言う人は誰もいませんでした。むしろ、子どもたちは、「おなかすいたよー」と言いながら、将来は金持ちになって、親を楽にさせたいなどの夢を持って生きていました。

そして、この時代に、家庭の中にあって唯一、家族を支えてくれたものが、家族のコミュニケーションでした。お互いに顔を合わせ、言葉を交わし、理解し合ったあの時の生活こそ、今、現代人が必要としていることではないでしょうか。

今日も、一歩街に出れば、片手にスマホ（スマートフォン）を持ち、時には、「歩きスマホ」で、人々は画面を見ながら生活をしています。
今は、戦後の私たちが暮らした生活と、百八十度変わりました。生活は不便で貧しいけれどコミュニケーションがあった時代から、豊かで何でも手に入るけれど、人と人とが会い、言葉を交わすコミュニケーションが薄れてしまった時代に——。

今となっては、この世からスマホをなくすことは無理です。使い方のルールを子どもたちと約束しても、難しいでしょう。スマホでの無機質なやり取りでは得られない、お互いがリアルに接し合う中で生まれるコミュニケーションの喜びを、子どもたちにも知ってほしいのです。そこで、昔、シニアの皆さんが自然に培《つちか》ったコミュニケーション術で、お孫さんや地域の子どもたちに声をかけていただき、人間としての生きる力を育ててほしいと願っています。本書ではそうしたコミュニケーション術を、「あ・い・

う・え・おのコミュニケーション術」として、まとめました。

もう一つお願いですが、子育て中のお父さんやお母さんに、「あ・い・う・え・おのコミュニケーション術」を教えてあげてください。子育てに威力を発揮するはずです。

本書が多くの人にとって「子育て参戦」するきっかけになれば、うれしく思います。

著　者

みんなで子育て参戦！――「あ・い・う・え・お」が心をつなぐ　目次

第二章　「あ・い・う・え・お」のコミュニケーション術

第三章　みんなで子育て参戦！

第一章

人間社会への挑戦！「スマホ」

一、「画面社会」と「人間社会」

スピルバーグは、「スマホ」を予知していた?

私は、子どもたちが、人差し指と親指を駆使して、スマホの画面を操作している姿を見るたびに、『E.T.』を思い出します。『E.T.』といえば、一九八二年に公開されたスティーブン・スピルバーグ監督のSF映画で、当時の興行収入歴代一位を記録し、全世界を駆け巡った大ヒット作です。そして、世界中の人々に感動を与えた映画でした。

「E.T.」は、話はできないけれど、心のある地球外生命体でした。「E．T．」は、ひときわ長く、赤く光る人差し指を持っており、印象的に描かれています。その「E．T．」の人差し指が、私には、スマホを動かす子どもたちの指先に見えてくるのです。

言葉を発して表現するのではなく、指を使ってコミュニケーションをとろうとする「画面社会」を、スピルバーグは、予知していたのではないでしょうか。

ところで、「画面社会」とは、私の考えた言葉です。人と人が出会い、会話によってコミュニケーションをとり、お互いの心を理解し合う「人間社会」と異なり、スマホ、テレビ、ゲームなど、人間が、画面を見ながら、会話することなく、一方通行の情報を取り入れていく社会のことです。この「画面社会」では、合理的に手早く意思疎通はできますが、人間の「心」が見えないような気がするのです。

今や、「スマホ依存症」（スマホに頼ることをやめられない状態）といわれるほど、スマホから離れることができない子どもたちがいっぱいです。

内閣府の「青少年のインターネット利用環境実態調査」（平成二十七年度）によると、「青少年のスマートフォン・携帯電話の所有・利用状況」では、スマホの所有・利用率は、小学生は二三・七％、中学生は四五・八％、高校生は九三・六％です。

また、別の調査によると、高校三年生女子のスマホの利用率は九九％と、クラスの中でスマホを持っていない子はほぼいないという状況です（デジタルアーツ社「未成年の携帯電話・スマートフォン利用実態調査」二〇一六年）。

一昔前の携帯・スマホがなかった頃は、通勤・通学時の電車の中でひときわにぎやかな集団といえば、女子高校生たちでした。

今では、隣に友達がいても、声を出さずにＬＩＮＥ《ライン》（スマホやパソ

第1章　人間社会への挑戦！「スマホ」

コンで通話やメッセージのやりとりができるソフトウェア）やメールで会話しているのです。電車内では、スマホの画面を見て、ニヤニヤしている高校生をよく見かけます。「隣にいるのだから、一言、声を出せばいいのに」と思うのは、私だけでしょうか。

スマホは、なぜ、多くの子どもたちが持つようになったのでしょうか。

一つは、「手軽に人と連絡がとれる」ということです。

ところで、本書では「コミュニケーション」という言葉がよく出てきます。コミュニケーションとは、単に「連絡がとれる」というだけではなく、お互いに意思疎通が図れるということです。自分の気持ちや考えを相手に言葉や表情、しぐさで伝えた時、相手が理解できて、初めてコミュニケーションと言います。逆に相手が自分に話しかけてきた時に、自分も「理解」して成り立つのも、コミュニケーションです。

ともあれ、実はスマホの「手軽さ」は、子どもたちの生活になじみやすいものです。今は生活のほとんどが「指」で操作すればすみます。部屋の電気をつける時、テレビのリモコンを操作する時、電子レンジで冷凍食品を解凍したり、温めたりする時も指を使います。

また、外出して必要なものがあったら、近くのコンビニで手軽に買うことができます。

今の子どもたちにとっては、手間のかかること、体を使うことは即「かったるい」となってしまうのでしょう。そうした時代に、スマホは、もっとも手早く連絡のとれる道具として、急速に子どもたちに受け入れられたのです。

二つ目は、「人と会わなくても用がすむ」ことです。

私が経験したような「子ども社会」の中で育っていない子ども

たちは、会話を通してのコミュニケーションが苦手のように見えます。人と会うことが煩《わずら》わしく、できることなら人と関わりたくないのでしょうか。近くにいても、メールで会話することに抵抗がありません。

直接会うと、自分の思っていることをうまく相手に伝えることができないため、メールに頼っているのかもしれません。メールの絵文字やＬＩＮＥの「スタンプ」のほうが、自分の気持ちを表現するのにちょうどよいと思えるのでしょう。

三つ目は、使用料金の安さです。

携帯電話が流行し始めた頃、子どもが長電話していると、料金がどんどん上がってしまい、親は請求書を見てびっくりしたものです。今では、無料のＬＩＮＥを使い、友達と交信ができます。親も「お金がかからないならいいか」と、つい思ってしまいます。

私の妻は、子どもが海外で生活しているため、スマホを買って、

ＬＩＮＥで娘と電話をしています。正直、海外との通話が無料なのは助かります。

ところで、妻は、私から妻に携帯で電話すると、電話に出てくれません。でも、その後すぐ妻から電話があります。「あなたからの電話は電話代がかかるのよ。私からかければ無料なんだからね」と言います。どういうことになっているのか、いまだによく分かりませんが。

子どもたちも大人も、手軽で、人と会わないですむ、安いスマホから、これからも離れることはできないでしょう。

スマホ依存がもたらす悪影響

スマホが子どもたちの生活にここまで密着してしまった以上、やめることはできません。しかし、スマホに依存しすぎてしまうと起こる問題点は、知っておく必要があります。

独立行政法人国立病院機構・久里浜医療センター医師の中山秀紀氏は、推計で全国の中高生の約五十二万人が「スマホ依存」の状態だと言います（『灯台』二〇一六年二月号）。

そして、「ネット依存者に発生する問題」として、以下の点を挙げています。身体面では、眼精疲労、視力の低下、運動不足、頭痛、腱鞘《けんしょう》炎、腰痛など。また、精神面では引きこもり、睡眠障害、昼夜逆転、イライラ、うつ状態、攻撃的な態度など。そして学業面・対人関係でも、成績低下、欠席、留年、退学、友人関係の悪化などを引き起こすと指摘しています。

中でも、スマホによる「友人関係の悪化」を取り上げたいと思います。これは特に、「いじめ」に発展することがあります。

子どもたちは、友達とのメールやＬＩＮＥでのやりとりでは、会って話しているように、短い言葉で、瞬時に返事をします。

特にＬＩＮＥでは自分のメッセージが相手のスマホに届き読まれると、そのことを知らせる「既読《きどく》」の通知が画面に表示されます。

メッセージを読んだかどうかすぐ相手に伝わってしまうため、すぐ返事を出さないと、たまたま用事があって返事を出せなかったとしても相手は「無視された！」と思います。その結果、相手が怒ったり、仕返しをしようとしたりして人間関係がこじれ、いじめにつながるケースがあるのです。

相手にそうした思いをさせないためにも、「すぐ返事を出さなくては」と不安になり、スマホを手放すことができなくなる人も多いようです。

また、ネット上の「掲示板」でも、よくトラブルが発生しています。

トラブルになる要因の一つに「匿名性《とくめい》」があります。匿名で相手の顔が見えないため、「うそ」や「無責任な発言」がまかり通ります。子どもたちは、ネット上のうそを本当のことだと思い込み、時には犯罪に巻き込まれてしまうことすらあります。

昔は、「いじめっ子」がたくさんいた

私たちが子どもの頃は、いじめっ子がたくさんいました。それでも、私のまわりには、学校に行けなくなったり、家に引きこもったりする子はいませんでした。

昔は今より子どもが多く、子どもたちだけで遊び、いろいろなことを経験しました。いじめっ子もそうした「子ども社会」で育ってきたので、相手の気持ちが分かる想像力があり、「これ以上いじめたらいけない」と限度をわきまえていたのかもしれません。また、時には「やめなよ！」と言ってくれる子がいたり、昔

はきょうだいがたくさんいたので、お兄ちゃんが仕返しをしてくれたりしたものです。

親に相談せずとも、「子ども社会」がいじめの発生を防ぐ力を、備えていたように思うのです。

私は小学校三年生の時から、台東区の南稲荷《いなり》町（現・東上野）に住んでいました。その頃は、近所の子と、「めんこ」や「ビー玉」、そして「ベーゴマ」などでよく遊びました。

末っ子で気の弱い私は、近所の子に、「遊びに入れて！」と言えなかったので、一学年上の兄の「欽ちゃん」が家に帰ってくるのを待ちました。欽ちゃんは、学校から帰ると、早く帰ってきた子どもたちが路地で遊んでいるのを見て、ランドセルを玄関に放り投げ、遊び道具を持って家を出ます。もちろん、私は欽ちゃんの後を追いました。

欽ちゃんは、世渡り上手で、近所の子とけんかすることはありませんでした。

ガキ大将が、「めんこ」に勝てないと、

「飽きたから、ビー玉にしようか」

と言います。すると、欽ちゃんは、たとえ「めんこ」で勝っていても、

「そうだね、ビー玉のほうがおもしろいよね」

と、ガキ大将に合わせます。

「やっぱり、ベーゴマのほうがいいや」

と言われると、

「僕も、ベーゴマをしたいと思っていたんだ」

と、ガキ大将の言うことに逆らわなかったので、決して争いにはなりませんでした。

私は、子どもの頃はよく泣きましたが、欽ちゃんがけんかして泣いているのを見たことはありませんでした。


こうした「子ども社会」は、「人間社会」の縮図です。そして、私たちが過ごした「子ども社会」には、豊かなコミュニケーションの知恵がありました。

スマホ世代の「画面社会」で育つ今の子どもたちには、私たちの子どもの頃の「子ども社会」は、理解できないかもしれません。それでも、「子ども社会」で育った私たちが身につけたコミュニケーションの知恵を、教えたり示してあげたりすることはできるだろうと思います。それは今の子どもたちにとっても、これからの人生を生きる上で、大いに役立つ力になると信じています。

二、楽しいはずの「ゲーム」が……

「ただいま！」、すぐ始めるゲーム

「ただいま！」

今の子どもは、学校から家に帰ってくると、すぐにゲームを始めます。塾やお稽古《けいこ》ごと、サッカーなどのスポーツクラブに入っていない子はほとんど、夕食の時間までずっとゲームで遊んでいるのではないでしょうか。

「遊ぶ」を『広辞苑』で調べると、「日常的な生活から心身を解放し、別天地に身をゆだねる意」とあります。まさに、「しなければいけない学習」と「集団生活の決まりごと」だらけの学校から早く解放されたいという気持ちが、ゲームという別天地に向かわせているように見えます。

最近では、家族で外に出かけてもゲームを楽しんでいます。

モノレールに乗って出かけた時、向かい側に座っているお母さんと小学生の二人の姉妹、おばあちゃんの四人が目に留まりました。お母さんは自分のスマホに熱中。姉妹もスマホでゲームを楽しんでいました。おばあちゃんは時々それをのぞき込む程度で、ゲームにはあまり関心がない様子。家族のみんなが、無言の光景でした。

私が子どもの頃は、学校から帰ってくると、「ただいま！」と同時に、ランドセルを縁側に放り投げて、外に遊びに行きました。帰ってすぐ宿題や勉強をする子は、ほとんどいなかったように思います。とにかく、家の外には、近所の子どもがたくさんいて、その上、遊ぶ空き地がたくさんあり、どこにいても、元気な子どもの声が響き渡っていました。今はそうした光景をあまり見かけなくなってしまいました。

拙著《せっちょ》『お母さん、ボク、ほめられたいなあ』（一九八九年、第三文明社）で、当時、家で退屈している子どもたちとお父さんとの関係を、次のような歌で表現してみました。メロディーのない「お休みララバイ」という歌です。

お休みララバイ

第1章　人間社会への挑戦！「スマホ」

一、休みになると　子どもがさわぐ
どこか　どこかへつれてって
あの子も　この子も
どこかへ行くよ　お父さん
ぼくたちだけだよ
どこにも行かないうちなんて

二、休みになると　気が重い
どこか　どこかへつれてって
つれて行きたい気はあるが
お金も　暇もありません
たまにとれた　お休みぐらい
うちにいたっていいじゃない

この歌を作ったのは今から二十八年前で、世の中は、好景気のバブルの時代でした。多くのお父さんは、連日残業、休日出勤で、子どもといっしょに行楽に行く時間がとれませんでした。

一方この年、任天堂が携帯型ゲーム機「ゲームボーイ」を発売。ゲームの「個人化」がここから加速しました。それ以前はまだ、大人も子どもといっしょにゲームを楽しんでいたことが多いように思います。ゲームを通して家族の団欒《だんらん》もありました。

今はゲームも進化し、多くの子どもたちが、いろいろなゲーム機を使い、楽しんでいます。内閣府の「青少年のゲーム機等の利用環境実態調査」（平成二十二年度）によると、なんらかの「ゲーム機」を所有している小学生は九三・九％と、ほとんどの子どもたちがゲーム機を所有しています。小学生、中学生、高校生と学年が上がるにつれ、ゲーム機の所有率は下がりますが、逆に携帯電話の所有率が上がります。携帯電話でもゲームはできますから、子どもたちは常にゲームに囲まれて生きているといってよいでしょう。

ここで、現代版「新・お休みラララバイ」を作詞してみました。

新・お休みラララバイ

一、休みになると　朝からゲーム
どこか　どこかへつれてって
言わない子どもが　もどかしい
ぼくんちだけだよ
キャンプに行こうという家なんて

二、休みになると　気が重い

どこか　どこかへつれてって
言わない子どもが　もどかしい
お金も時間もとれたというのに
子どもといっしょに遊べない

ハワイに行ってもゲーム

ハワイで観光業をしている義理の妹が言いました。

「日本の子どもたち、どうかしているよ」

「なんで？」

「空港に、観光で来た家族を迎えに行くでしょ。すると、ほとんどの家族は、大きなスーツケースや荷物は、お父さんやお母さんが運んで、子どもたちは、荷物は何も持たないのよ」

「それが？」

私は、日本では、よくある光景かと思いましたが、

「ハワイの子どもたちは、家族で出かける時は、自分で持てる荷物は必ず自分から持つよ。親に全部荷物を持たせるなんて、考えられないよ」

こういう習慣は、小さい頃から身につけていないとできないものです。ということは、日本の親は、子どもに荷物は持たせないという習慣があるのかもしれません。

「それに、気になるのは、ゲームをやりながら親の後ろをついていくんだよ」

「そうなんだ」

「昔は、家族でハワイに来た子どもは、空港に着いた時から、言葉が通じない国に来た不安と高揚感できょろきょろあたりを見渡しながら、親を見失わないように手をしっかり握りしめ、空港のゲートを出てきたものだけどね」

「いや、子どもだけじゃなく大人の私でも、初めてハワイに行った時は、入国する時、税関で〝来た目的は、何ですか〟と聞かれたら、〝観光〟と英語で言わなきゃとか、ドキドキだったよ」

「そういうことも、外国旅行の楽しさなのにね。それから、運転しながら日本語でハワイ観光のガイドをしたんだけど、子どもは、外の景色に興味がないのか、車内でもずっとゲームをしているんだよ。そんな子どもに、親は何も言わないのよ。手がかからない、いい子だと思っているのかもね」

私には、返す言葉がありませんでした。その子どもに、ハワイで何がしたいのか聞いてみたくなりました。

ママのスマホが遊びなかま

里帰りで娘の子ども〝愛ちゃん〟が我が家に来ると、一番初めに声にするのは「じいじ」です。

娘が私を呼ぶ時、「じいじ」と呼ぶので、いつの間にか愛ちゃんも「じいじ」と呼ぶようになりました。

「愛ちゃん、トランプしよう」

「うん、いいよ」

「じいじ、愛ちゃんが来るのを待っていたんでしょ、遊んであげるよ」

とでもいうような顔をして、私の前に座ります。そして、

「神経衰弱をしよう」

と言います。年長さんの愛ちゃんには、近頃、勝てなくなってきました。

愛ちゃんとトランプしている間、娘は、横で、スマホをいじっています。

ある日、ママより早く起きた愛ちゃんが、ママがしている姿と

同じような格好をして、床に腹ばいになってスマホをいじっていました。どうやら、ゲームをしていたようでした。

そういえば、私の小学校教員時代の教え子から聞いた話を思い出しました。彼は娘家族と同居していて、二人の孫がいます。五歳の男の子は、幼稚園から帰ってくると、タブレットやママのスマホでゲームをしたり、テレビでアニメのＤＶＤを見たりしているそうです。二歳の女の子は、寝る時、ママのスマホで、アンパンマンの動画を見ながら寝るそうです。

幼児は、ママのすることをまねします。もしかすると、幼児のいる家庭では、このような光景は、当たり前の生活スタイルになっているのかもしれません。

三、「見る」、これで幸せはつかめない！

信州大学学長が、「スマホやめますか、それとも信大生やめますか」

テレビやスマホを見ているだけでは、幸せはつかめません。

二〇一五年、信州大学入学式で、「スマホやめますか、それとも信大生やめますか」と学長があいさつした話が話題になりました。

さらに学長は「スイッチを切って、本を読みましょう。友達と話をしましょう。そして、自分で考えることを習慣づけましょう」と話したそうです。

学長の言う「本を読もう」「友達をたくさんつくろう」「自分で考えよう」は、私が小学校の校長の時、入学式で一年生に言ってきたことと同じです。

学長がここまで言ったのは、それだけ今の学生が「本を読まない」「友達とコミュニケーションがとれない」「自分で考えることをしない」ことを憂《うれ》えているからだと思います。


翌二〇一六年、東京大学入学式で、「皆さんは毎日、新聞を読みますか？」という総長式辞が話題になりました。

総長は、「ヘッドラインだけでなく、記事の本文もきちんと読む習慣を身につけるべきです」と述べ、さらに〝日本国内だけでなく、海外メディアの報道にも目を通し、国際的な視野を日常的に持つ習慣を身につけてほしい〟と訴えました。

二〇一六年の文科省「全国学力・学習状況調査」によると、応用力を問う小学校六年生の国語Bでは、新聞をほぼ毎日読む児童の平均正答率は六四・八％で、全く読まない児童の正答率は五五・一％と九・七ポイントもの差が出ました。また、中学三年生数学Aでも、新聞をほぼ毎日読む生徒の平均正答率は六九・四％で、全く読まない生徒の正答率は六〇・七％と八・七ポイントの差があり、新聞を読む子の学力が高い傾向にあることが分かりました。

今の子どもたちも学生も、本当に本も新聞も読まなくなりました。

私は時々、小学校を訪問しますが、必ず学校の図書室を見学させてもらいます。でも、本にほこりがかぶっていたりする学校がほとんどで、子どもたちが学校の図書室を積極的に活用していると思われる学校は、あまりありませんでした。

私は教員の時、読書指導を重点教育目標にして、子どもたちに読書の楽しさを教えてきました。一年生の担任の時は、毎日図書室に連れて行き、本を借りて、自宅で読んで、次の日に返すことを繰り返し奨励《しょうれい》しました。この時は、クラスで年間二百冊以上読む子がほとんどになりました。

また、私は中・高校生の「読書感想文コンクール」の審査員をしていますが、大多数の子がその年に話題になった本を題材にしています。例えば、ある年には、十七歳でノーベル平和賞を受賞したマララ・ユスフザイさんの自伝『わたしはマララ』（二〇一三年、学研プラス）が飛び抜けて多く、『坊っちゃん』『羅生門』『十五少年漂流記』『レ・ミゼラブル』などの古典といわれる本の感想文は、ほとんどありませんでした。もちろん何を書いて応募しても構わないのですが、幅広く、いろいろと手に取ってほしいと思います。

今の子どもたちにとって、読書は決して身近なものではないのかもしれません。誰かから読書の楽しさを知らされなくては、興味を持てないでしょう。

テレビがなかった私の子どもの頃は、どこの家にも本棚があり、両親が読んだ本や、きょうだいがお小遣いで買った本が並んでいました。とりわけ親が読書家だと、自然に子どもも影響を受け、本が好きな子になりました。

「昆虫博士」の一年生

「ホタルを飛ばそう！」というテーマで開催された親子参加型の講座で、ホタルの話をする機会がありました。

今の子どもたちは、五感を使った体験学習の機会が少ないので、ホタルの話をしても実感のわかない子どもが多くいます。そこでホタルの話をする時は、我が家で育てているホタルの幼虫を持っていき、直接、観察してもらっています。

そして、スライドショーを使って、「ホタルの一生」について話します。

途中、子どもたちに質問をしてみました。

「ホタルは昆虫だけど、虫を見て、昆虫かどうかを調べる方法は、何を見ればいいのかな？」

手を挙げて発表する子はいなかったのですが、幼稚園か小学校低学年くらいの小さい男の子が、何かをつぶやいていました。

この子は分かっていそうだと思い、

「そこの男の子、分かるみたいだね。言ってみて」

と聞いてみました。その子は、少しうなずきながら、

「頭と、胸と、腹があって、足が六本だよ。触覚もあるよ」

と言いました。私はびっくりしました。元教師の私は、昆虫に

ついて学習するのは三年生からだと分かっているので、こんな小さな子がよく知っているなと感心しました。

次にホタルの幼虫が水の中でどうやって呼吸しているのか、みんなに聞いてみました。これは、ホタルの幼虫を育てている人以外は、大人の人でも分かる人はめったにいません。誰も答える子がいなかったので、

「ホタルの幼虫は、水の中で生きているのだから、魚がヒントかな？」

と、少しヒントを言いました。それでも手を挙げる子がいなかったので、さっきの男の子に聞いてみました。すると、

「えら」

と、答えたのです。これには驚きました。思わず、

「何年生？」

と聞きました。男の子は、

「一年生」
と言いました。なぜ一年生がこんなに難しいことを知っているのか、隣にいるお父さんに聞いてみました。するとお父さんは、「この子は、図鑑が大好きで、いつも見ているんですよ」
という答えが返ってきました。私は、この子を「昆虫博士」と呼ぶことにしました。

瀧靖之《たきやすゆき》氏（東北大学加齢医学研究所教授）は、『「賢い子」に育てる究極のコツ』（文響社）の中で、〝本を読むと、脳の中で、言語野《や》と呼ばれる「側頭葉《そくとうよう》」や「前頭葉《ぜんとうよう》」などの部分が活性化し、さらに図鑑は写真やイラストをともなうため、図形認識や空間認知を担《にな》う領域なども活性化できます〟と言っています。

私は、図鑑に興味を持つ子の優秀さがこれで分かりました。

テレビと図鑑、同じ「見る」でも、テレビは、数秒で画面が次々と変わり、見る側に考える余裕を与えず、想像することもさせてくれません。でも、図鑑は、自分のペースに合わせて読むことができ、時には立ち止まって、想像力をふくらませることができます。また、家の本棚に図鑑が置いてあると、子どもはいつでも見たい時に見られます。親子でいっしょに図鑑を見ながら、コミュニケーションもとれます。おじいちゃん、おばあちゃんも孫といっしょに図鑑を見ながら、子どもといろいろなことを学ぶことができるのです。

「お兄ちゃん、お話して！」

子どもの頃、私と欽ちゃんは、本を買ってもらえませんでした。次兄は、自宅のある埼玉県の浦和から都内の私立高校に通っていました。朝早く家を出て、遅く帰ってくる次兄と顔を合わせるのは日曜日だけでした。

次兄は、通学の電車の中でいつも読書をしていました。本が好きで、家にいてもいつも本を読んでいました。

後に分かったのですが、次兄は勉強がよくできたので、父は都内の私立高校に通わせ、本を買う小遣いもたくさんあげていたそうです。

私と欽ちゃんは、いつもは外で近所の子と遊ぶのですが、日曜日に雨が降って外に行けない時は、次兄が読書しているところにまとわりついて、

「お兄ちゃん、お話して！」

「いいでしょ、お兄ちゃん、お願い！」

と懇願《こんがん》しました。

二人の弟に両腕を引っ張られ、仕方がないなあという顔をしながら、

「じゃあ、この前の山中鹿《しか》之《の》助《すけ》の話の続きをしてあげる」

と言って、お話をしてくれました。

次兄は、本を見ないで、私たちの顔を見ながら話をしてくれるので、話にぐんぐん引き込まれていきました。

「お兄ちゃんは、お話の名人だ！」

と、私と欽ちゃんは、いつも感心していました。

お話を聞くということは、その場の状況を想像しながら聞くわけですから、次兄のお話のおかげで、私たちの脳は随分と鍛えられたのかもしれ

ません。

後にコメディアンになった欽ちゃんの想像力も、この経験が影響しているかもしれません。


ところで、次兄に感謝していることがもう一つあります。

次兄が大学生になった頃、私と欽ちゃんを連れて児童劇場によく連れて行ってくれました。父は仕事が忙しく、母は外出を一切しない人でしたので、両親といっしょに出かけたことは生涯で一度、「豊島園」に行っただけでした。ですから、弟思いの次兄が連れて行ってくれると言った時は、私も欽ちゃんも大喜びしたものです。

特に、私が小学校低学年の頃に見た、「宝島」の児童劇は、大劇場で、大きな舞台、大きな海賊船、そして、大音響の迫力に、目を丸くして驚きました。いまだにあの時の舞台の光景が目に浮かんでくるほどですから、すごいものを見たということでしょう。テレビでは、絶対に味わえない体験でした。

私が教員になって、学芸会の時、クラスの子どもたちのために「走れメロス」の脚本を書き、みんなで演出を考えたり、舞台の大・小道具を作ったりしたことも、この目で見た児童劇場に影響を受けていたかもしれません。

また、欽ちゃんが舞台のコメディアンを目指したのも、私と同じだと思います。

子どもの時に、五感で体験することは、人生の基礎をつくることだと実感しています。おじいちゃん、おばあちゃんが、子どもの頃体験したことを、孫たちに教えてあげてください。

母は、漢字博士

私の母は、明治四十（一九〇七）年生まれで、百一歳で他界しました。

香川県で庄屋の子として生まれた母は、拙著『萩本家・母は100歳のお嬢さま』（第三文明社）で紹介したように、生涯〝お嬢さま〟で通しました。

当時の女の子としては珍しく、高等女学校まで行かせてもらいました。学校ではタイプライターに興味を持ち、タイプの技術を身につけました。その頃、タイプを打てるのは県下で三人しかいなかったようです。

そのため、母は読み書きのできない漢字は一つもないというほどの「漢字博士」でした。

母は、私たち子どもたちには「勉強しなさい！」と、厳しく言いませんでした。というより、言わなくても我が子はみんな勉強ができると思い込んでいたのかもしれません。

その母も、私たちが字を書く時だけは、厳しかったです。口ぐせは、「字は、一生使うものだから丁寧《ていねい》に書きなさい」でした。

漢字を一行ずつ書いてくる宿題があると、私は、最初に「イ」の「ぎょうにんべん」だけを全部書いて、その後「つくり」を付け足して「行」の字を書いていると、母は、

「漢字を書く時は、一字一字、丁寧に書きなさい。そんないい加減な書き方をするなら、宿題はやらなくていいです！」と。

母のおかげできょうだい皆、漢字に強く、字も上手になりました。

「睦月《むつき》、如月《きさらぎ》、弥生《やよい》、卯月《うづき》……」の旧暦の月名や「甲《こう》、乙《おつ》、丙《へい》、丁《てい》……」の十干《じっかん》は、小学校の一年生の時には書けました。

私は今でも手紙を書く時は筆を使いますが、それは母の残してくれた財産だと感謝しています。

今の子どもたちは、タッチパネルに指を触れるだけで文字が出てくるので、漢字を書けない子がどんどん増えています。

日本語の美しい漢字を後世《こうせい》に残すためにも、字を丁寧に書き、覚えて使っていくことが大切です。おじいちゃん、おばあちゃんの仕事が、またできました。

文科省の小学校学習指導要領（平成二十年改訂）の国語科では、「話すこと・聞くこと」「書くこと」「読むこと」の領域ごとに指導するべき内容がまとめられています。

これらの要素は、人間教育の基本です。そして私の子どもの頃は、これらの要素を身につける役割の半分くらいを、家庭教育が担っていたように思います。

ところで、近い将来、「デジタル教科書」の採用が検討されています。紙の教科書と違って、タッチパネルなどを使用した端末に教科書のデータを取り込み、「画面」が教科書になるというのです。これらの技術を使って学校は、子どもたちに、「話すこと」「聞くこと」「書くこと」「読むこと」の能力をどうやって育てていくのか、注目したいと思います。

ただ子どもたちが、「E．T．」には、ならないでほしいと願うばかりです。

「スマホ世代」の子どもたちに、私たちが学校や家庭で身につけた「話すこと」「聞くこと」「書くこと」「読むこと」を思い出し、伝えていきたいと思います。

四、勉強のできる子は、よく寝る子

寝る子は育つ

「寝る子は育つ」

昭和生まれの人は、誰でも知っている言葉だと思います。

子どもの成長に必要なホルモンは睡眠中に多く分泌《ぶんぴつ》されるので、よく寝る子はすくすく育つという意味です。

ところで、今の子どもたちは遅くまで起きていて、なかなか寝ないというのが親の悩みではないでしょうか。

ゲームをしたり、スマホで友達と交信をしたりと、子どもたちは自分の部屋に閉じこもって、毎日夜遅くまで起きています。

あるお母さんから、「我が家では、一階にいる私から二階にいる娘に、用事があるとメールしています」と聞きました。「下から声をかけても応答しない」からだそうです。

仕方がないのでメールをすると、娘さんから返事が返ってきます。お母さんの「早く寝なさい！」も、メール交信するそうです。

私たちが子どもの頃は、テレビのない時代でした。というより、今のような電化製品は、ほとんどありませんでした。あるのは、部屋を明るくするための電球と、ラジオだけ。また、電球を何個もつけると、ヒューズ（過電流から電気回路を保護する部品）が、「ボン！」という音を立てて切れてしまいます。今は、ブレーカーのスイッチを上げるだけですが、その頃はドライバーを使ってヒューズ線を取り換えたものです。

当然、夜遅くまで起きていてもやることがないし、電気代もかかるので、子どもたちは、食事が終わったらすぐ寝るのが当たり前の生活でした。それどころか私は、遊び疲れて食事中に寝てしまうこともしばしばありました。
「早寝、早起き」という言葉がありますが、努力してそうしたのではなく、昔の子どもたちは、必然的にそうなっていただけなのです。

睡眠は、「海馬」の体積を大きくします

脳の発達や加齢のメカニズムを明らかにしている瀧靖之氏は、著書で、アメリカ国立睡眠財団の「一日の適正な睡眠時間の目安」を紹介しています。

未就学児（三〜五歳）……十〜十三時間

就学児（六〜十三歳）……九〜十一時間
ティーンエージャー（十四〜十七歳）……八〜十時間
（『「賢い子」に育てる究極のコツ』）

今の子どもたちの睡眠時間からみて、この理想の睡眠時間をとっている子は少ないと思います。この時間は、テレビやスマホのなかった、私たちの子どもの頃の睡眠時間のようです。

先日、買い物で、夜遅く、近くのコンビニに行ったところ、若いお母さんが、四歳くらいの女の子といっしょに来て買い物をしていました。

お母さんが、仕事から帰ったばかりの服装をしていたので、きっと、遅く家に帰って夕食の準備もできず、コンビニに買いに来たのだと思います。二人はあれから家に帰って、夕食をすませて……いったい何時くらいに寝たのだろうと心配になりました。

女の子は、適正な睡眠時間を確保しようとすれば、翌朝も遅くに起きることになるでしょう。しかし、それでは保育園に間に合いません。きっと急いで起こされて朝食を食べ、保育園に行く準備をすることになるでしょう。寝不足で保育園に行っても、楽しくないに違いありません。私はつい想像をして、心配になってしまいました。


瀧氏は、「十分な睡眠時間をとっている子供は、慢性的に寝不足な子供よりも、海馬《かいば》の体積が大きく、基本的な記憶力も優れている」と言っています（前掲書）。

ということは、よく寝る子ほど、海馬が育ち、それによって学力向上につながっていくということです。

文部科学省が行った生活習慣についての全国調査では、早く寝る子ほど、「自分が好き」という子が多いとの結果が出ました（平成二十六年度「睡眠を中心とした生活習慣と子供の自立等との関係性に関する調査」）。

この調査では、小学五年生から高校三年生まで、七百七十一校、二万三千百三十九人の児童・生徒から回答を得ました。

その結果、就寝時間が早いほど「自分のことが好き」と回答する子の割合が多く、その割合は就寝時間が遅くなるにつれて減少する傾向が見られました。午前零時前後まで起きていると、「自分のことが好き」と考える

子の割合が、午後九時より前に寝る子の約半分まで減少するということです。

「自分のことが好き」ということは、「自己肯定感」が高いということです。この「自己肯定感」の高い子ほど、やる気や自信のある子です。

この調査からも、睡眠時間は学力に影響を及ぼすと言えそうです。


また、内閣府の「子供・若者白書」（平成二十七年版）によると、平成二十五（二〇一三）年度の不登校は、小学校でおよそ二万四千人、中学校およそ九万五千人、高校およそ五万五千人で、全体で、およそ十七万人います。不登校の子どもは、近年減少傾向が続いていましたが、平成二十五年度は増加に転じました。

不登校のきっかけは、小学生では「不安など情緒的混乱」「無気力」「親子関係」が多く、中学生では、「不安など情緒的混乱」「無気力」が並んで多くなります。高校生では、「無気力」がもっとも多いという結果です。

ここで出てくる「無気力」こそ、睡眠不足から起こる問題だと思います。「自己肯定感」の低い子ほど、無気力に陥《おちい》りやすいからです。睡眠不足は、不登校の原因にもなっていくのです。

第二章

「あ・い・う・え・お」のコミュニケーション術

一、誰でも簡単にできるコミュニケーション

電車の中で「コミュニケーション」？

電車に乗ると、いつも私がやる〝くせ〟があります。

それは、座席に座った時、反対側の座席で「スマホ」を親指や人差し指で巧みに操作している人の数を数えることです。最近は、手に握ったまま眠っている人も含め、七人座れる座席に、およそ五人はいます。

特に、若い人は、必ずスマホを握っています。スマホを手にしていない人は、寝ているか、読書をしている人です。

スマホでゲームをしたり、ニュースを見たり、動画を見ている人もいます。友達や家族とメールの交信をしている人もいますが、これは私は「コミュニケーション」とは言いません。

人と人が直接向かい合い、顔の表情を相手に見せながらお互いの思いや考えを理解して、初めてコミュニケーションが成り立つのです。ですから、相手が見えないスマホのメールのやりとりは、本当の意味でのコミュニケーションとはなりません。

いろり端のコミュニケーション

正しいコミュニケーションこそ、人間社会の基本です。

昔、農家では、お父さん、お母さん、子どもたち、そして、おじいちゃん、おばあちゃんがいっしょにいろりを囲んで食事をしていました。これこそ、コミュニケーションの理想的な場でした。

みんなでいっしょに「いただきます！」で始まる食事。

お母さんが、

「今日、よっちゃん、字が上手だって先生にほめられたのよ」

おばあちゃんがすかさず、

「よっちゃんは、えらいねえ！字が上手なのは、おばあちゃんに似たんだね」

よし子ちゃんが、

「おじいちゃん、ご飯食べたら、後で肩たたいてあげるよ」

「ありがとう。よし子ちゃんは優しい子だね」

一郎ちゃんが、
「僕、たくさん勉強して学校の先生になるんだ！」
お父さんは、
「いいね。一郎はしっかりしているから、きっといい先生になるよ」

一農家のコミュニケーションしている様子を想像してみましたが、きっとこんな会話が、いろりを囲んで和《なご》やかに交わされたことでしょう。

ところで、昔は、ごく日常的な家族のコミュニケーションの中に、私たちが人間社会で生きていくための、大切なものが語られていたのです。

それは、

「あ」
「ありがとう」（感謝すること）
「い」
「いいね」（共感すること）

「うれしい」（信頼すること）
「えらい」（ほめること）
「おはよう」（あいさつすること）

私はこれを、「あ・い・う・え・おのコミュニケーション術」としました。

子どもたちを「画面社会」から「人間社会」に戻すため、誰にでもできる、簡単な方法だと思っています。これさえ覚えておけば、孫や、地域の子どもたちに、いつでも声かけができるはずです。

「あ・い・う・え・お」の
コミュニケーションの場、「座談会」

先ほど一農家の様子を想像してみましたが、実際に私がコミュニケーションの大切さを痛感した経験として、高校三年の時に参加した、とある「座談会」のことを思い出します。

私の高校時代は少し複雑でした。父の事業の失敗で我が家は経済的に苦しくなり、私は、高校二年まで通った都立高校を退学しなくてはならない状況になったのです。

我が家の困窮《こんきゅう》を知った香川県高松市に住む伯父が、一年間私の面倒を見てくれるということで、単身、高松に行きました。高松は、父の生まれたところでもありました。伯父家族は、伯母、娘夫婦と五歳の男の子の五人で、カメラ店を経営し、高松市内では一番繁盛していました。

私は、県立香川高校（現・高松南高校）三年に編入学し、伯父の家から通いました。伯母も、毎朝弁当を作ってくれるなど、よく世話をしてくれました。

伯父は、時々、「出世払いでいいから」と言って、伯母に内緒でお小遣いをくれました。東京の家からの仕送りはありませんから、とてもうれしかったです。私は、世話になっていることへの感謝の気持ちで、夜は店の手伝いをしました。

それでも、食べさせてもらい、学校まで行かせてもらうことへの気苦労のせいか、学校の体育の授業で全力疾走した時に、心臓がドキドキして倒れてしまいました。病院に行ったところ、医師から、「心臓弁膜《べんまく》症」と言われました。

高松での一年間は、末っ子で甘やかされて育った私には、とてもいい経験となりました。そして、大学受験のため、卒業式に出ないで帰京しました。

私が帰京した時も、我が家の悪い経済状況は変わらず、大学は、自分でアルバイトをしながら行こうと思っていました。そのため、国立大学しか受けられず、残念ながら、その年は合格できませんでした。

大学受験を目指して浪人するか、それとも就職するか、病弱な私は悩みました。そんな時、都立高校時代、野球部でいっしょだった親友をふと思い出し、急に会いたくなり出かけたのです。訪ねると、お母さんが顔を出し、友達は不在であることが分かりました。帰ろうとする私に、お母さんは、

「萩本さん、息子はすぐ帰ってくるから、上がって待っていて」

と言いました。お母さんは、私が何度か来たことがあったので、私のことを知っていました。玄関を上がってすぐに六畳の部屋があり、ふすまを開け、私に中に入るよう促しました。

私が、部屋に足を踏み入れた時、先に数人のおばさんたちが来ていることに気がつきました。人見知りする私が、入ることを戸《と》惑《まど》うと、

「いいの、いいの、気を使う人はいないから大丈夫よ。おばさん

たち、今、座談会をしていたところなの」

私は、邪魔にならないように、部屋の片隅で友達を待つことにしましたが、お母さんは、

「萩本さん、息子を待っている間、退屈でしょうから、おばさんたちとお話をしましょう。こっちにいらっしゃいよ」

と言いました。私は、お母さんに言われるまま、座談会の輪に入りました。

そして、お母さんは、みんなに私を紹介するのでした。

「萩本さんは、一年間、高松の伯父さんに世話になりながら、勉強をがんばってきたのよ。苦労したことを一切顔に出さないで、芯《しん》の強い人なの」

「経済的に大変だからといって、アルバイトしながら自分で大学に行くんですって。えらいじゃない」

それほど私に会ったことのないお母さんなのに、とにかく私をほめるのです。今まで人にほめられたことがあまりなかった私は、お母さんの話で、自分はこれまでよくがんばってきたんだと自信がわいてきました。

お母さんは、私が高松で一年間苦労したことに共感してくれ、今後の進路のことなど、我が子のように心配してくれました。

また、参加していたおばさんたちも、次々と貧乏だったこと、病気だったことなど、赤裸々《せきらら》に自分の体験を話してくれました。

そして、私の将来に期待して、幸せになるために何をすればいいかを教えてくれました。

私は、今までの不安な気持ちが、だんだん勇気に変わっていくのを感じていました。そして、「必ず大学に行こう」と目標が定まりました。

私は、人間社会の小さな縮図の座談会に参加できたことで、これから自分が幸せな人生を送ることができると確信したのです。

座談会が、コミュニケーションの確かな場になりました。

二、「ありがとう」は、感謝の言葉

「ありがとう」は、戦争がきらい

これから、誰でもできる「あ・い・う・え・おのコミュニケーション術」を、具体的にお話ししたいと思います。

人と人が会えば、必ず、「ありがとうございます」という言葉や、「ありがとう」の心が生まれます。感謝することは、人間の本性だからです。

もし、「ありがとう」の気持ちが出てこない人がいたら、何かに悩んでいるか、自分のまわりに感謝できる人がいることに、気づいていないからだと思います。

憎しみは、感謝の心を奪ってしまいます。それが国家間で起きた場合は、戦争にまで発展してしまいます。

赤ちゃんが生まれると、ママは、

「生まれてきてくれて、ありがとう」

と、心で我が子に感謝します。そしてその日から、ママの「ありがとう」の気持ちが、子どもをすくすくと育て上げます。

この子どもへの感謝の気持ちは、やがて子どもが成人した時に、ママへの感謝の気持ちになっていきます。

親への感謝の気持ちがある子は、親から感謝されて育った子どもです。

近頃、「児童虐待」に関する事件が話題になりますが、児童虐待をする家庭に、きっと、「ありがとう」の感謝の言葉は存在しないと思います。ママの「生まれてきてくれて、ありがとう」が、どこかで消えてしまったのでしょうか。

「なっちゃん」からの「ありがとう」の手紙

私の長男家族は、岐阜県に住んでいます。孫は二人、中学一年と来年（二〇一七年）小学校に入学する女の子です。

長男夫婦は、二人とも小学校の教員をしているので忙しいのですが、年一回、お正月に家族で我が家に帰ってきてくれます。私たち夫婦は、この日をいつも楽しみにしています。

長女のなつめちゃんが、五年生の時でした。暮れに、

「おじいちゃん、こんにちは！」

玄関の戸が開くと、いつもの「なっちゃん」の元気な声が聞こ

えます。そしてなっちゃんは、私が玄関で迎える前に、自分の家のようにすぐ上がってきてくれます。

なっちゃんは、両親以上に気を使ってくれるとてもいい子です。妹のゆきなちゃんは、恥ずかしがり屋さんなので、お母さんといっしょに家に入ってきます。

恥ずかしがり屋のゆきなちゃんですが、トランプが始まると、人が変わったようにやる気まんまん。お姉ちゃんが、「ゆきなは、負けずぎらいなの」と教えてくれました。「神経衰弱」の勝敗は五分五分でした。なっちゃんが教えてくれたとおり、ゆきなちゃんは負けると、ものすごく悔しがります。そんな性格を知ってか、お姉ちゃんは、適当にゆきなちゃんに勝たせるようにしてあげているみたいでした。本当に優しいお姉ちゃんです。

真剣にやっても「神経衰弱」では勝てないので、「七並べ」や「ババぬき」にしてもらいました。これで、なんとか面目《めんぼく》が保たれました。

こうして、お正月は、なっちゃんとゆきなちゃんと三人でよく遊びました。

翌日、岐阜に帰る時が来ました。お父さんとお母さんが帰り支《じ》度《たく》をしていると、なっちゃんが、

「おじいちゃん、何か紙と鉛筆ありますか」

と言いました。

何をする紙なのか聞くと、書きたいことがあるようなので、レポート用紙と鉛筆を渡しました。なっちゃんは、テーブルの上で何かを書き始めました。

しばらくして、

「なつめ、行くよ!」

と、玄関から、お母さんの声が聞こえました。その時、なっちゃんは、書き終えたばかりのレポート用紙を、

「おじいちゃん、ありがとうございました」

と言って私に手渡し、玄関に飛んでいきました。私もすぐ追いかけ、妻と玄関先で長男家族を見送りました。

そして部屋に戻り、さきほどなっちゃんからもらった、何か書いてあるレポート用紙を見ました。

立川のおじいちゃんへ
三日間泊まらせてくれてありがとう。久しぶりに会えてうれしかったよ。いろんなひまな時に、オセロやトランプをしてくれたから楽しく過ごせたよ。かなり、ビリだったね。ゆきなも強かったからね……。いろいろなおもしろい話もしてくれたね。おじいちゃんの小学校の二年生の成績表は、「5」のところばっかりだったからびっくり！　ホタルも学校の池に放しているんだね。もっとホタルでいっぱいの町になるといいね。私もホタル育てようかな～（大変そうだけど）。かにやえびもおいしかったよ！　本当に楽しかったよ。来年も行くから、また遊んでね！　お仕事もがんばれ！

H27・1・2　11：00
♡十一歳のなつめより♡

おじいちゃん大好き

☆しんけいすいじゃく　強くなってね！　ゆきなに負けるかも！☆

なっちゃんの感謝の気持ちが伝わってくる手紙でした。おじいちゃんのほうこそ、「なっちゃん、ありがとう」です。

ところで私は、孫が来ると、遊ぶだけではなく、時々、私の子どもの時の話をします。今回は、なっちゃんに私の小学校二年生の時の通知表を見せてあげました。今と違う五段階評価の「家庭通信箋《せん》」を興味深そうに見ていました（現在は三段階評価が多い）。当時の通知表は、例えば、国語では、「聞く」「話す」「読む」「書く」「作る」の五項目に分かれていて、それぞれの項目が、五段階評価になっていたのです。終戦間もない頃で子どもが多く、クラスには五十人くらいいましたし、学校にはテストをする紙も少なく、先生はテストができなくて、評価をつけるのは大変だったと思います。

今思うと、私のように、行儀よく先生の話を一生懸命聞いている子は、全部「5」をつけてくれていたのかもしれません。

教え子から「古稀」のお祝い

今は、新卒の先生がすぐに担任になることはありませんが、私たちの時は、小学校の教員免許を持っている先生が少ないこともあり、大学を卒業したばかりでも、赴任《ふにん》した学校ですぐに担任になりました。教育技術は未熟でしたが、なによりも、「子ども社会」で遊び、育ってきた私は、幸い子どもたちの中にすぐ飛び込むことができ、楽しい学校生活を送ることができました。

初めて担任をした子どもたちと、今も毎年、「萩《はぎ》の会」(同窓会)をするのも、卒業までの二年間で、子どもたちとの強い絆《きずな》ができたからだと思います。

三年前の「萩の会」の時のこと。いつもだと幹事が事前に会場を知らせてくれて、一人で行くのですが、この年は会場となるレストランの場所が分かりにくいので、幹事が会場まで案内してくれるということになり、北千住《せんじゅ》駅前で待ち合わせをしました。

約束の時間より早く着いたためか、幹事は、北千住駅周辺の史跡や建物などを、いっしょに歩きながら案内してくれました。どうやら幹事は開始時間にこだわっていたようで、その時間まで私は幹事に付き合わされました。

そして開始時間ちょうどに、会場のレストランに到着。案内の幹事がドアを開け、私に入るよう促したので、礼儀正しい子だと思いながら、一歩足を踏み入れた時でした。クラッカーが「パン！　パン！　パン！」と鳴り響き、

「萩本先生、おめでとうございます！」

の声が、あちこちから飛び込んできました。私の「古稀《こき》」のお祝いを、内緒で進めてくれていたのです。大変驚きました。子どもたちから祝福を受けながら、決められた私の席に着くと、司会が、

「今日は、特別ゲストをお呼びしているので、ご紹介します」

と言いました。「ゲストって誰だろう？」と思っていると、なんと、会場の隅にある衝立《ついたて》の後ろから私の妻が現れました。

「えっ？　なんで？」

と、私は二度目のびっくり。朝、私が家を出る時、「今日のクラス会はどこでやるの？」と聞いていた妻が、なぜここにいるのか、不思議でたまりませんでした。

知らなかったのは私だけで、事前に子どもたちと妻は打ち合わせをしていたのです。

この日は、花束、色紙、記念品、そしてお祝いの言葉などをいただき、心に残る「萩の会」となりました。子どもたちの私への「感謝の心」が、精いっぱい伝わる素晴らしい一日となりました。

「君たちに出会えて本当によかった。私のほうこそ、〝ありがとう〟」

「ありがとう」、その一言を……

ある時、千葉市内でセミナーがあるので出かけました。

立川から東京駅へ。東京駅では総武線の始発が出ており、それに乗ると千葉まで座って行けるので、ホームで一番前に並んで電車を待っていました。すると、私が乗る電車の前に、成田国際空港に行く特別急行「成田エクスプレス」が入ってきました。

その時です。後ろのほうから駆け寄ってきた学生風の女の子が、「この電車、成田空港に行きますか？」

と、私に聞きました。

「行くよ！」

と答えると、慌ててまた後ろに戻りました。

あの女の子は多分この電車に乗るのだろうと、気になりながら後ろを振り返ると、女の子は、電車が停まっているホームの反対側で、スーツケースを前にして何やら考え込んでいるのです。

見ると、荷物は大きなスーツケースとショルダーバッグ二つ、そして、紙袋とラジカセでした。どうやって持っていこうか考えているのです。私は、せっかく並んだ列を離れ、女の子のところに行きました。

「この電車に乗るんでしょ？」

と声をかけると、小さな声で、

「はい」

と言いました。

「早く乗らないと、発車しちゃうよ。おじさんが、このスーツケースを持っていってあげるから」

と言うと、女の子は、スーツケースを置いて、自分の乗る車両に向かって駆け出しました。私は、女の子の後ろから重いスーツケースをガラガラと音を立てながら押し、小走りで追いかけました。その時、発車ベルが鳴り始めました。どこでもいいから早く乗って、後で車両を移動すればいいのにと思いながら、

「何号車？」

と聞くと、前を向いて走りながら、

「六号車！」

と言うのです。そして、まもなく六号車に着きました。女の子は、後ろにいる私の存在を忘れているように、自分の荷物を持ってさっさと電車に乗り込みました。その後、私はとても重いスーツケースを「よっこらしょ！」と持ち上げ、電車に載せました。

「間に合った！」

と思うとともに、当然、女の子からお礼の一言があると思っていましたが、女の子は私の顔すら見ることなく、スーツケースを戸口に置いたまま車内に消えました。と同時に、電車のドアが閉まりました。

疲労感と何とも言えない虚《むな》しさ。結局、私のほうは総武線始発電車で座ることができず、立ったまま千葉まで行きました。

あれからおよそ十五年は経《た》っていると思いますが、あの時の光景は、今も忘れることはありません。きっとあの女の子は、親から、「ありがとう」という言葉を聞かないで育ったのだろうと思っています。

子どもの時から、「ありがとう」の言葉を聞いていなかったら、大人になっても、「ありがとう」の言葉は出てきません。

三十四回目の、卒業生からのハッピーバースデー

二月の私の誕生日に、今年も教え子の久美子さんから、メッセージとプレゼントが届きました。久美子さんは東京創価小学校の教員時代の教え子で、卒業してからすでに三十四年が経ちますが、卒業以来一度も欠かすことなく、毎年届くのです。

担任をしていた時から、久美子さんはとても優しい子でした。

小学校を卒業して中学生になった時は、お母さんといっしょに小学校にプレゼントを届けに来てくれました。お母さんもとても優しい方でした。

そして、高校生になってからは、一人で学校まで来て、誕生日のお祝いを届けてくれました。以来、大学に通っている時も、就職してからも、そして、結婚してからも、子どもができてからも、必ず、毎年送り届けてくれます。

ある時、久美子さんから次の手紙が入っていました。

お誕生日、おめでとうございます。

——時折、この一年を振り返ることがあります。例えば、お正月だったり。でも、その中で一番は、やはり萩本先生の誕生日なのです。どうしてなのかよく分からなかったのですが、何かをずっと続けることが苦手な私が、唯一続けていけるものだからということが最近分かりました。一つでもそういうものがあることが、私にとっては強くなれる気がするのです。

いつも、その日に、お礼の電話をしますが、照れ屋の私は、うれしい心のうちを表現できなくて、いつも悔しい思いをしています。でも、そんな私からの電話一本の「ありがとう」に込められた気持ちをよく知っているのが、久美子さんなのです。

「ありがとう」の心は、人間の心の中で一番大切なものだと思います。

三、「いいね」は、共感の言葉

優しい「幼稚園の先生」「看護師さん」「保育士さん」

子どもに話しかけられたら、子どもの目を見て、話を聞いてあげて、「いいね」と言ってあげてください。

「いいね」は、「そうなの」「そうだったの」という言葉と同じです。

「あなたの話を、聞きましたよ」と、子どもの気持ちに共感してください。

もし、子どもが悲しんでいたら、いっしょに悲しんでください。

喜んでいたら、いっしょに喜んでください。怒っていたら、いっしょに怒りましょう。これを、「共感する」と言います。

子どもは、自分と同じ気持ちになってくれる人が、目の前にいることに安心します。そして、自分の味方になってくれる人を、大好きになります。


ある時、幼稚園の参観に行きました。

先生から園児に、「しなさい」「いけません」という言葉を聞くことがありませんでした。幼稚園の先生は、「しなさい」「いけません」が、園児に共感されない言葉だということがよく分かっています。

園児を行動させる時には、先生がピアノを弾《ひ》きます。集まって並ぶ時は、「とんとん、ま〜え」「とんとん、ま〜え」の先生の言葉と、ピアノの曲が流れてきます。また、学習が終わって、片づける時は、「おかたづけー　おかたづけー」の先生の言葉と、曲が流れてきます。子どもたちは、ピアノの曲を聞きながら、静かに片づけをしていました。

休み時間に教室で、友達とトラブルがあったのか、急に泣き始めた子がいました。近くにいた先生は、すぐ駆けつけて、泣いている子をぎゅっと抱きしめました。そして、子どもの耳元で、小声で何か言っていました。しばらくすると、子どもは泣きやみ、再び友達と遊び始めました。

先生が、子どもにどんな話をしたのか分かりませんが、子ども

が安心したのは確かです。きっと、泣いた子に同苦し、共感してあげる言葉をかけてあげたのだと思いました。

かつて私は、簡単な外科の手術で入院したことがありました。手術した後、麻酔が切れると痛みが出ることは、手術をしたことのある人なら誰でも経験したことがあると思います。

私が手術後、病室に戻った後も、看護師さんは何度も様子を見に来てくれ、いたわりの言葉をかけてくれました。そして、

「麻酔が切れると、痛くなるので、すぐボタンを押して教えてくださいね」

と言ってくれました。

消灯時間が過ぎて、十一時頃、痛みで目が覚めましたが、タイミングよく看護師さんが私の様子を見に来てくれました。そして、私の顔を見るなり、

「痛いでしょ？」

と言ってくれました。

「はい」

と言いましたが、私の顔を見るだけで、痛みに同苦してくれた看護師さんの「痛いでしょ？」の一言が、今も心に残っているのです。もちろん、すぐに痛み止めの薬を持ってきてくれました。

私は、優しさをもって働く職業の代表は、「幼稚園の先生」「看護師さん」そして、「保育士さん」の三つだと思っています。この仕事に従事している人はみんな、相手の心に共感できる技を持っているのです。

国民の半分以上が共感した「おしん」

ＮＨＫ連続テレビ小説「おしん」（一九八三年四月〜八四年三月）は、

平均視聴率五二・六%と、日本国民の半分以上の人が見ていたドラマです。また、最高視聴率も六二・九%と、テレビドラマの歴代最高視聴率を記録しました。

なぜ、多くの人が「おしん」を見たかというと、それだけ「おしん」の生き方に、共感する人が多かったからだと思います。

「おしん」は幼い頃、親が貧しい農家のため、奉公《ほうこう》に出されます。苦難の連続の中、それでも「おしん」は、あきらめず強く生きていきます。この「おしん」の姿に、多くの人が共感したのです。

「おしんがかわいそう」

「私もおしんと同じように、苦労して生きてきたけど、あれほどひどくなかった」

「おしんは、なんで我慢するの」

「もう、おしんをいじめないで!」

など、視聴者はおしんの気持ちに共感しながら、自分の人生を見つめることができました。

テレビドラマで視聴率の高い番組は、登場する人々に視聴者が共感できるドラマです。そして、この共感できるかどうかは、その人が人間社会の中で、どれだけ多くの人とコミュニケーションをとってきたかにかかっています。

「キャッチボール」はしても、「ドッジボール」はしない

子どもと共感するために、言葉の「キャッチボール」をお勧めします。

ボールを使ってのキャッチボールは、相手が投げてきたボールを、キャッチした後、相手に投げ返すことです。言葉のキャッチボールとは、例えば、子どもが転んでけがをした時、

「痛いよー」

と言ってきたら、

「痛い、痛い、痛かったねー」

と言ってあげることです。このように、同じ言葉を返してください。間違っても、

「大したけがじゃないから、我慢しなさい！」

と言ってはいけません。こういう言葉かけを「ドッジボール」と言います。ドッジボールの球は、相手にぶつかった後、どこに飛んでいくのか分かりません。

とにかく、同苦するのが一番の薬です。

「学校に行きたくない！」

も同じです。

「行きたくないよね」と、キャッチボールから始めます。

このキャッチボールで、自分の気持ちを分かってもらえたと思

えば、やがて学校に行くことができるようになるでしょう。

子どもは、包帯をして学校行くのがうれしいと感じるものです。それは、友達や先生が心配してくれるからです。絆創膏《ばんそうこう》がなかった頃は、少しのけがでも、お母さんに包帯をしてもらいました。包帯は、「僕のことを心配して」というサインです。

私も校長の時は、校内を松葉杖《まつばづえ》で歩いている子を見かけたら、飛んでいきました。

そして、

「大変だったね。痛かったでしょ。よく学校に来られたね」

と言います。この言葉かけで十分です。この子は、明日も元気に学校に来るはずです。子どもは、自分がけがしたことに共感してくれる人がいるだけで、安心なのです。

小学校教員の頃、先生にすぐ質問に来る子がいました。子どもが先生やお母さんに質問に来る時は、必ず、自分の考えを持って来るものです。それでいいのか不安なので、確かめに来るのです。

ですから、私はいつも答えをすぐに返さずに、

「君は、どう思うの？」

と、子どもの考えを聞き出します。

ほとんどの子は、自分の考えを確かめに来ているわけですから、自分が思っていることを話します。そこで、

「いいね、それでいいじゃない」

と言ってあげればいいと思います。

こうした関わりによって、自分で考える習慣を身につけた、自分に自信が持てる子になるはずです。

四、「うれしい」は、信頼の言葉

幸福な家庭には、「信頼」の絆

仲が良く明るい家庭は、お父さん、お母さん、子どもたち、そしておじいちゃん、おばあちゃんの「うれしい」という言葉と、笑顔の集まりです。そこには、お互いの信頼があります。「信頼」とは、「信じて頼ること」です。家族のみんなが信じ合い、頼り合うことが、幸せな家庭の姿です。

ところで、信頼し合うことが必要なのは、家庭ばかりではありません。学校の先生と生徒たち、病院の医師と患者、プロ野球の監督と選手、会社の経営者と社員等、あらゆる分野の人間社会の底流になくてはならないものが、人と人との信頼関係です。

リオデジャネイロ・オリンピックの金メダリストの萩野公介選手は、大会前のインタビューで、「今まで育ててくれたコーチに、金メダルをかけてあげたいです」と決意を述べ、宣言どおりに見事優勝を勝ち取りました。この一言から、勝利の要因となった選手とコーチの信頼関係が見えてきます。

しかし、「信頼」が壊れた時、家庭や学校は崩壊し、病気の治癒はうまくいかず、野球は最下位チームに、そして、会社は衰退するでしょう。

「学級崩壊」のクラスのはずなのに？

私は、二十八歳の時、港区立の小学校に転勤しました。

学校は、新橋駅から歩いて三分のところにあり、ビルに囲まれ、繁華街の中にある学校でした。子どもたちは、人ごみと騒音の街の中で生活していました。また、都心のドーナツ化現象の影響で児童が少なく、全校の児童数は約百二十人で、一学年一学級という小規模学校でもありました。

赴任前の三月末、事前の打ち合わせもあり、学校に行き、校長先生に面会しました。校長先生は女性で、私のように若い先生が赴任してくることを、心から望んでいたようでした。校長先生は、特に、私の健康面を気にされていて、

「萩本先生は、体力はあるほうですか？」

と聞かれました。

「健康には自信があります」

と答えました。さらに、

「スポーツは、何がお好きですか」

と聞かれたので私は、高校時代に野球部だったこと、他にバレー、バスケ、卓球、テニス、スキーと、それほど上手ではありませんが、何でもできることを伝えました。

校長先生は、うなずきながら私の話を聞いていましたが、そのうちほっとしたような顔になり、

「実は、萩本先生には、六年生を担任していただくことになりますが、よろしいでしょうか？」

とおっしゃいました。担任を決めるのは校長ですから、私に伺《うかが》いを立てる必要もないはずなのに、どうしてかなと思いました。

「はい、よろしくお願いいたします」

と、力強く返事をしました。すると、「実は……」と言いながら、校長先生は、四月から六年生になる子どもたちのことを話し始めました。

五年生の時は女性の担任の先生の話を真面目《まじめ》に聞かず、騒いで

授業ができなかったこと。教室の入り口にバリケードを築いて、先生を教室に入れないこと。男子と女子がけんかばかりしていること。専科の音楽の時間では、太鼓《たいこ》の革《かわ》を破ったり、楽器を壊したりしたこと。屋上の花壇の土を、近所の商店に投げて遊んでいたこと。銀座のデパートで、集団万引したことなど。そして、担任の先生が転勤することになり、その後に私が来たということでした。

校長先生は、私が健康で、体が頑健で、この子どもたちと卒業まで付き合っていけるかどうか心配していたのです。

四月に入り、始業式で、校長先生が私を紹介する時に、

「萩本先生は、コント55号の萩本欽一さんの弟さんです」

と言うと、六年生の並んでいる列から、

「イェーイ!」「ウヘー」「ウオー」

など、わけの分からない言葉が、私の耳に飛び込んできました。

欽ちゃんの弟ということが、子どもたちに親近感を与えたこともあり、教室に戻って改めて自己紹介した時、子どもたちはみんな席について、私の話を聞いてくれました。

話し終わってから、一人の男の子が、私のそばに来て、

「よー、センコー（先生）、学校で分からないことがあったら、うちの父ちゃんに聞けよな！」

と言ってきました。「どうして?」と聞くと、

「うちの父ちゃん、PTAの会長をしているから、えらいんだから」

と言うのです。

「あっそう、そうするね。お父さんによろしく言っておいてね」

と言いました。

一カ月が経ち、ふと気づいてみると、毎日、授業中に席を離れる子もなく、普通に授業をしているクラスになっていました。

私が毎日やってきたことは、休み時間に校庭に出て、男の子対女の子のドッジボールをしたことです。当然私は、女の子のチームに入ります。はじめのうちは私の後ろに隠れて逃げ回っていた女の子たちも、私が味方になったことで、次第に今までのお返しとばかり、男の子に立ち向かう子も出てきました。私も手加減しないで、男の子をめがけ、バンバンぶつけました。元気のいい男の子も、私に勝てるはずはありませんでした。でもたまに、私がボールをとりそこなうと、男の子は、「やったー」と、歓声を上げ喜ぶのです。

こうして、もてあましていた子どもたちのエネルギーは、ドッジボールで発散したようでした。と同時に、私と子どもたちとの関係に、信頼関係が芽生え始めていました。

夏休みを迎え、生活に乱れが起きないかと案じていましたが、二学期に学校に戻ってきた子どもたちは、どこか、一段と成長した姿が感じられました。

九月には、港区立小学校陸上記録大会が行われました。普通、選手以外は応援になるのですが、うちの学校は一学年二十人しかいないので、全員選手として出場しました。記録大会のために特別な練習をしたわけでもなく、体育の授業だけで大会に臨みましたが、参加した五十数校の中で、結果は、男子百メートル走で一位、男子走り高跳びで二位、女子リレーで三位と、見事な成績を残しました。

また、秋の運動会では、六年生が会場係、決勝係、放送係等のすべての運営に走り回り、最高学年としての責任を果たしました。

十二月に行われた学芸会では、「走れメロス」の演劇を披露しました。脚本だけは私が書きましたが、自分たちで演出を考え、大道具の作製や、音響、照明など、みんなで力を合わせて劇を作りあげました。

当日、子どもたちの熱演する劇を見て、我が子の成長ぶりに感激し、涙している保護者の方がたくさん見られました。

ところで、日々の生活に追われていた私は、私立中学の受験を考えている児童がいることに気がつきませんでした。

十月のある時、保護者の一人から、子どもの受験についての相談を受けました。その時、他にも受験を考えている児童がいないか調べてみると、八人いることが分かりました。「今から、間に合うのか？」と一瞬不安になりましたが、すぐに、「根性のある子たちが、合格しないはずはない」と思い直し、それから放課後、補習に取り組みました。

翌年二月の私立中学校受験の結果、有名私立中学校に、男女七人が合格しました。

卒業式を前に、子どもたちが、「感謝のつどい」をしたいと言ってきました。

今までお世話になった校長先生や先生方に、お礼を言いたいというのです。

「今まで、先生方に迷惑をかけてきたようだから、きっと、先生方は喜ばれると思うよ」

と、賛成しました。

それから子どもたちは、自分たちでいろいろと内容について考えていたようでした。

卒業式二日前、空き教室を使って、「感謝のつどい」が行われました。黒板には、「先生方、ありがとうございました」の横断幕が飾られていました。

係の子どもが、職員室から校長先生、教頭先生、そして、先生方十一人を案内して教室に入ると、子どもたちから大きな拍手が起こりました。

つどいが始まると、先生方と対面式に座っていた子どもたちは、一人ずつ、特に迷惑をかけた先生にお詫《わ》びと、これからの決意を語り始めました。

S子さんの弾く唱歌「ふるさと」のオルガンの音色をバックに、音楽専科の先生には、

「僕は、音楽室の太鼓の革を破ってしまいました。ごめんなさい……」

養護の先生には、

「僕がいたずらをしてけがをしたのに、しからないで病院に連れて行ってくれました。ありがとうございました……」

と、次々に立ち上がり話をする子どもたち。その素直な感謝の言葉に、前にいる先生方は、昔を思い出しながら、今、目の前にいる子どもたちのあまりにも変わり、成長した姿に、皆、涙していました。

つどいが終わって、校長先生は、

「萩本先生、子どもって、こんなに変わるんですね。この一年間、本当にお疲れさま。ありがとうございました」

と、しみじみとおっしゃっていました。

「私こそ、〝よい子どもたち〟に出会えて、たくさんの思い出をつくらせてもらい、感謝しています」

と、申し上げました。

正直、私には、子どもたちが「変わった」ということは、最後まで実感できませんでした。それは、四月の始業式の子どもたちとの出会いから、この子たちはみんな「よい子」と思い続けてきたからです。

私が、子どもたちを信じたから、子どもたちも私を信じてくれたのです。

「いい子」だと、思い込む母

明治に香川県・琴平《ことひら》で生まれた母は、家事は一切できませんでしたが、漢字については博士といっていいほど詳しかったことは、以前書いたとおりです。

母は、自分でも漢字には強いと自負していたと思いますが、かといって六人の子どもたちには、特に、漢字を覚えさせようとはしませんでした。

ところで、私のきょうだいはみんな、学校での成績がよかったように思います。というのは、母が、「勉強をしなさい！」と、子どもたちに言わなかったからだと思います。

私の教員の経験からいうと、親に「勉強しなさい！」と言われて、勉強ができるようになった子はいません。いやいや机に向かっても、勉強をやる気になれません。

母は自分が勉強ができたので、自分の子どもたちも、勉強ができると思い込んでいたのでしょう。この母の思い込みが、結果的に、私たちきょうだいに勉強をやる気にさせたと思います。

また、母が子どもたちに、「しなさい」「いけません」と細かく言い過ぎなかったおかげで、子どもたちは小さい頃から自分で考えるようになり、自立していました。高校、大学に行くかどうか、どこに就職するのか、すべて子ども自身が決めましたし、母に言えば、「ああ、そうかい」で終わりです。

その代わり母は、自分で決めたことは、自分で責任を持ちなさいという考えでした。ですので、大学進学を希望するなら、自分でアルバイトをして行かなければなりませんでした。私は、自分で大学へ行くために、国立大学しか受験しませんでした。

こういう母の考えは、子どもたちを信じていたからだと思います。きょうだいも皆、母を信じ、母を悲しませることのないように、日々の人生を送ってきたように思います。

五、「えらい」は、励ましの言葉

ほめれば、必ず勉強します

私が、小・中学校の教員時代を振り返って思うことは、子どもは、「ほめれば、必ず勉強した」ということです。

勉強のできる子は、自分はできると「自信」を持っています。このことは、スポーツでもいえることです。優秀なスポーツ選手は、必ず「自信」を持っています。

この自信が育《はぐく》まれたのは、勉強では、お父さんやお母さん、学校の先生から、スポーツでは、監督やコーチから、ほめられたり認められたりしたからです。

私が小学校校長の時、毎週月曜日の児童朝会では、がんばった子どもを、一人ひとり全校児童に紹介しました。

「今朝、一年生の鈴木君が、校門の前で校長先生に、大きな声で〝おはようございます〟と言ってくれました」

「六年生の木村さんは、昨日の放課後、学校の玄関の前を掃除してくれました」

「二年生の山田さんは、夏休みに百冊の本を読みました」

と、がんばっている子どもを全校児童の前でほめました。

児童朝会でほめるのは、本人をほめて励ますと同時に、全校児童に、「大きな声であいさつしましょう」「学校をきれいにしましょう」「本をたくさん読みましょう」と直接言うよりも、児童自身が考え、自発的に行動するきっかけにしてもらいたいという意味もあります。子どもに、「〜しましょう」と言うよりも、がんばった子を紹介するほうが、子どもたちはやる気を起こします。それは、子どもの誰もが、ほめられたいと思っているからです。

大脳生理学の権威といわれている久保田競氏《きそう》（京都大学名誉教授）は、著書『バカはなおせる』（角川ソフィア文庫）で、「ほめられると、中脳皮質辺縁系《へんえんけい》が働いて快感がともない、物事を積極的にこなす人間になっていきます」といいます。

このように、「ほめる」ことは、脳に刺激を与え、子どもをやる気にさせる最良の方法なのです。

最下位校から、名門校に

かつて、岐阜県立益田《ました》高校の森均《ひとし》先生（現・「益田の森塾」塾長）の講演を聞いたことがあります。

森先生が赴任した当時、益田高校は学業不振の生徒が多く、入学しても一学期で退学してしまったりと、大変な時期だったそうです。

そんな学校に赴任してきた、青年教師の森先生。ある時、

「君たち、金持ちになりたいか？」

と、生徒に投げかけます。

一瞬、この先生、何を言い出すのかと戸惑う生徒たち。やがて、軽いのりで、生徒たちは皆、

「金持ちに、なりてえ～」

と言いました。生徒の一人が、

「先生！　金持ちって、どうやってなるの？」

と聞きました。先生は、

「税理士や公認会計士になることだよ」

「その税理士になると、本当に金持ちになるのかよ」

「もちろん」

「じゃあ、その税理士になろうかな」

税理士になるために、どんなに難しい国家試験を通らなければなれないかなど全く知らない生徒たちは、そう言いました。

それから先生は、金持ちになるための三つの条件を出しました。一つ目は、毎朝七時半に、バイクや自転車に乗らないで、マラソンで登校すること。二つ目は、登校したら、校舎の裏にある畑で農作業すること。三つ目は、先生の簿記《ぼき》の授業では、こちらからは教えないので、自分で勉強すること。ただし、質問は受ける。ということでした。

生徒たちは、この三つの条件に躊躇《ちゅうちょ》するものの、金持ちになりたい思いが優先して、しぶしぶ実行することになりました。

こうして先生との三つの約束をけなげにやり通した生徒たちの努力は、やがて、実を結ぶことになります。

県下で学力最下位レベルだった益田高校が、全国簿記大会で三十五回の優勝、税理士試験では、十一年連続で全国最年少合格者を輩出したのです。

こうして、益田高校は、名門校に変身しました。

この驚異の逆転劇の舞台裏は、森先生が、生徒を「いつでも、どこでも、ほめて励まし続けた」ことに尽きます。

子どもは、ほめれば必ずやる気を出すのです。

そのうえで、「しからない」ことも大切です。

先ほど紹介した久保田競氏は、著書の中で、「相手をくよくよさせると、ワーキングメモリーの働きや、前頭前野《ぜんとうぜんや》の他の大事な働きが衰え、相手はどんどんバカでまぬけになります」と指摘しています。

相手をくよくよさせるとは、「しかる」ことです。しかってばかりいると、子どもは落ち込み、脳の機能も低下してしまうということです。

欽ちゃんは、マンガ大好き、勉強大嫌い

私の母は「勉強しなさい」とは言いませんでしたが、「人に迷惑をかけてはいけません」「字は、一生使うものだから、丁寧《ていねい》に書きなさい」の二つだけは、口ぐせのように言っていました。そして、子どもたちを「しかる」ことはしませんでした。

母のおかげで、私たちきょうだい六人（男四人、女二人）は、今まで人に迷惑をかけることなく、そして手紙を書く時は筆を使うなど、丁寧な字を書いてきました。

私が中学一年生で、欽ちゃんが二年生の時のこと。一学期の終

業式が終わり、家に帰って、私はすぐ通知表を母に渡しました。

母は、「ほめる」タイプでなく、「しからない」タイプの人でした。また、顔の表情に自分の気持ちが出る人なので、私は、通知表を渡した後、母の顔を見ていました。そして、少し微笑《ほほえ》んだので、ほめられたと勝手に思っていました。

欽ちゃんは、いつも通知表を母に手渡さず、部屋の隅に放り投げていました。母はいつものことだからとしかることもなく、放り投げてある通知表を手元に寄せて開きます。

そんな時、欽ちゃんは寝転がり、マンガの本を読みながら、時々通知表を見ている母の様子を見るのでした。

兄の通知表を見た母は、少し暗い顔になりました。欽ちゃんの成績がよくなかったからです。学年二百五十人中、二百五十番に近いところにいました。

それでも、母はしからず、少し暗い顔を見せただけでした。欽ちゃんは、そんな母の寂しそうな顔を見て、「一度くらい親孝行でもしてみようか」と、心に決めました。

欽ちゃんは、二学期になると、今まで以上にますますマンガの本を読み続けました。私といっしょに寝ていたので、私が寝るまでずっとマンガを見ていたのを覚えています。母も、欽ちゃんの勉強しない様子を見て、にがにがしく思ったに違いありません。だからといって母は、欽ちゃんに、「勉強しなさい！」とは言いませんでした。

二学期が終わり、母は、私の通知表を見た後、いつものように放り投げてある欽ちゃんの通知表を見るのでした。そして、相変わらず寝転がってマンガを読む欽ちゃん。母は、通知表を見るなり、

「欽一、誰かの通知表と間違えて持ってきてるよ！」

と言うのです。欽ちゃんは、

「それ、僕のだよ」

と、マンガを見ながら、とぼけた様子で言いました。そして母は、もう一度表紙の名前を確認するのでした。

それもそのはず、母の見た欽ちゃんの通知表は、一学期より百五十番近く上げ、百番以内に順位を上げていたのです。それでも母は、ほめもせず、「欽一、がんばったじゃないか」という精いっぱいの笑みを浮かべるだけでした。

それを見た欽ちゃんは、

「親孝行したから、これでいいや」

と、思ったのでしょう。三学期は、また、最下位グループに戻ってしまいました。

実は、欽ちゃんは夜遅くまでマンガを見ていたのではなく、勉強をしていたのです。私が部屋に入ると、勉強道具の上に急いでマンガの本を置き、勉強しているところを見せなかったのです。

どうりで部屋に入ると、

「よっちゃん、早く寝なよ！」

と、寝る催促《さいそく》が、今まで以上だったことを思い出します。もちろん、母も欽ちゃんが遅くまでマンガを読んでいると思っていました。

欽ちゃんがコメディアンになったわけ

欽ちゃんは、私と同じように、学校では、手を挙げて発表することができない内気な子どもでした。

中学二年生の時、欽ちゃんの担任の先生は、保健体育の若い女性の先生でした。

先生は、体育の先生だけあって、あまり化粧もせず、さっぱりした性格の元気のいい方でした。クラスの子どもたちはそんな先生のあだ名を、先生に内緒で「アパッチ」と名づけました。先生は、「アパッチ」というあだ名で呼ばれていることを快《こころよ》く思っていないようでした。

ある時、保健体育の授業で先生が来る前に、何人かの男子生徒が、黒板に、「アパッチ」と書いて遊んでいました。欽ちゃんの隣の席の子もその一人で、黒板に向かう前に、欽ちゃんに、

「萩本！　お前も書けよ！」

と言いました。先生のいやがることはしたくなかった欽ちゃんは、一瞬、躊躇しましたが、なかば強引に友達に引っ張りだされて、黒板に向かいました。みんな黒板にあだ名を書き終え、欽ちゃんも、ドキドキしながら黒板に、「アパッチ」と書きました。

その時です。教室の入り口で、先生が来るのを見張っていた生徒が、

「先生が来たぞ！」

と叫びました。その瞬間、欽ちゃんは、びっくりして席に戻りました。でも、いつも書き慣れた生徒たちは、黒板消しで自分の書いた字を消して、ゆっくりと席に戻りました。黒板には、欽ちゃんの書いた「アパッチ」だけが残っていました。クラスの友達は、欽ちゃんの消し忘れを先生が見て、どんな反応をするか楽しみで、くすくす笑っていました。

欽ちゃんが、席に着いたと同時に、先生が教室に入ってきました。

教卓に向かっていた先生の目線に、黒板に書かれていた文字が目に飛び込んできました。

一瞬、立ち止まり、振り向いて生徒のほうを見た先生は、

「誰？　これを書いた子は？」

ものすごい剣幕《けんまく》で怒っている姿を見た生徒たちは、急に、シーンとなりました。

「誰が書いたか、白状しないなら、今日の授業はしませんよ」

先生のその形相《ぎょうそう》に、生徒たちは、まずいことになったと、欽ちゃんのほうを向いて、「早く、白状しろよ！」という視線を送りました。

欽ちゃんは、自分が消さなかったことが悪いのだからと思い、しかられるのを覚悟で、

「僕です」

と、恐る恐る手を挙げました。その時、先生は、

「萩本君、男の子は、このくらいのことをしなくちゃダメよね」

と、欽ちゃんをしかりませんでした。

欽ちゃんは、しからなかった先生に感謝し、次の保健体育の授業の時は、必ず手を挙げようと心に決めるのでした。

そして、次の授業の時、先生が質問をした時、欽ちゃんは、元気に手を挙げました。先生は、一人だけ手を挙げていた欽ちゃん

を指名しました。ところが、欽ちゃんは、手を挙げることしか考えていなかったので、何を答えていいか分からず、仕方なく、

「分かりません！」

と、答えました。次の瞬間、クラス中で爆笑が起こりました。

この時、欽ちゃんは、ものすごくうれしい気分になりました。それは、今までクラスの中で、存在感のなかった自分が、皆に認められた瞬間でもあったからです。欽ちゃんはみんなの笑いで、自分自身に自信を持てるようになったのです。その自信が、「コメディアンになろう」と、決意させたのでした。

性格は、子どもの時に決められる

「性格」というのは、ほとんどが子どもの時から変わりません。

私の小学校の通知表の所見欄には、いつも「内気」「消極的」

の言葉がありました。一年生の頃、母に、

「内気って、どういうこと？」

と、聞きました。母は、

「例えば学校で、手を挙げて発表しないことなの。よっちゃんは、恥ずかしがり屋さんだからね」

と言いました。毎学期この「内気」の文字が消えることがなかったので、とうとう私は、「自分は恥ずかしがり屋なんだ」と思うようになりました。

その後も、高校まで手を挙げて発表することはありませんでした。先生に指名されてしまうと、赤面して思ったことが言えない子でした。とにかく、人の前に立つと、ドキドキしてしまうのです。

そんな私でしたが、今では教育セミナーなどで、千回を超える講演をするようになりました。

きっかけは、二十代の青年教師の頃、住んでいた団地で開催していた「無料塾」でした。土曜日の午後、団地の集会所を使って、小学生の子どもたちを呼んで、勉強を見てあげていました。

ある時、お母さんたちから、

「母親教室もしてもらえませんか」

と言われました。その頃、社会は第二次ベビーブームで、子どもが多く、子育てに悩んでいるお母さんたちがたくさんいたので、快諾しました。

数日後、団地の集会室で、「母親教室」を開催しました。テーマは、今でも覚えていますが、「上手なほめ方、しかり方」でした。「多くても二十人くらいかな」と思っていましたが、当日、お父さんもいっしょに、百人近くの人が来てくれました。

あがり症の私は、たくさんの人を見て、ドキドキし始めました。原稿は用意しておいたので、いざ登壇し、下を向いて原稿を読み始めると、会場は、「シーン」と、何ともいやな空気が漂《ただよ》ってきました。

このままではまずいと思った時、頭に浮かんだのはちょうどその一週間前の出来事でした。私の勤務する学校の保護者会で、「ほめ方、しかり方」をテーマに話し合った時、あるお母さんのしかり方がおもしろかったのです。そこで、そのお母さんのまねをして身振り手振りで紹介すると、会場に大爆笑が起こりました。どこのお母さんもやっていたので、共感の笑いだったのでしょう。

私は、この会場の笑いで、ほっとしました。

「よーし、ありのままでいこう。日頃、お母さんたちが子どもにやっていることを、私がお母さんになったつもりでやればいいや」と思い、それからは原稿を離れ、動き回って話しました。すると、何度も笑いが起こりました。

会場の笑いで、乗ってくるというのは、欽ちゃんと似ているところがあるなと思ってしまいます。

私は、この日を境に、人前に立つことに自信を持つようになりました。そして、その日以来、講演会をはじめ、人前で話をする時は、原稿は見ないで、話を聞いてくれる人の顔を見て話すことにしています。

私は、子どもの時に形成された性格は、生涯変わらないと思っています。

ただ、その性格をいい方向へ出していけばいいので、無理に変える必要はありません。いい方向へ出していくには、「チャンス」が必要です。チャンスは、本人が自信を持てることに出合った時です。

「自信」を持たせる近道は、「ほめること」と「しからないこと」です。おじいちゃんやおばあちゃんには、孫や地域の子どもたちをしからないで、たくさんほめてあげてほしいと思います。

六、「おはよう」は、あいさつの言葉

心を開いて、相手に近づく「あいさつ」

「あいさつ」は、コミュニケーションの始まりです。

お母さんは、毎朝、子どもと顔を合わせた時、子どもに、

「おはよう」

と、声をかけます。おばあちゃんも、孫と同居していたら、

「おはよう」

と言うでしょう。

「あいさつ」は、「心を開いて、相手に近づく」という意味です。

ですから、「おはよう」は、例えば、「お母さんは、よっちゃんのことが大好きだよ、今日も一日、元気で過ごしてね」というお母さんのメッセージが込められている言葉なのです。

「おはよう」

と声をかけられた子どもも、

「おはようございます」

と返してくれます。

こうして、「人間社会」では、あいさつのキャッチボールをして、コミュニケーションが始まります。

働いている人が、毎朝、職場の人と顔を合わせれば、必ず「おはようございます」と声をかけ合います。「今日も一日、よろしくお願いします」ということです。

ところが、パンの製造工場で働いている私の教え子が、最近の新入社員は先輩の社員にきちんとあいさつできないと嘆いていました。

「おはよう」と同じように、「こんにちは」「こんばんは」というあいさつも大切です。

「こんにちは」や「こんばんは」は、知っている人に対しては、「ご機嫌いかがですか」「お元気そうで、なによりです」、初めて出会う人の場合、「今日は、あなたにお会いできてうれしいです」というメッセージを含んだ言葉です。

私の家の近くに、「森のこむぎ」というパン屋さんがあります。いつも焼きたてのパンが並んでいて、とてもおいしく、私のお気に入りのパン屋さんです。

この店では、特に「ホテルブレッド」が人気で、いつも予約してから買いに行きます。

いつもは妻が買いに行くのですが、たまに妻に用事ができると、私が代わりに行くことがあります。

店に入ると、若いおかみさんが私の顔を見るなり、

「こんにちは！」

と、笑顔で声をかけてくれます。そして、大きな声で、

「ご予約の萩本様が、いらっしゃいました！」

と、奥でパン作りをしているご主人や職人さんに声をかけます。

この一言で、「店に来ていただいたお客様に感謝！」の気持ちが伝わってきます。おかみさんは、パンを一つ一つ包装しながら、

「こんにちは。ご主人様、久しぶりですね」

と会話が進みます。おかみさんは、しばらく私が店に来ていないことをよく知っているのです。

私の後に二、三年生くらいの女の子を連れた、若いお母さんが来ました。

おかみさんは女の子を見ると、カウンターの横に出て、腰をかがめて、女の子に、

「こんにちは」

と、言葉をかけました。

すると、女の子も少し恥ずかしそうに、

「こんにちは」

と返事をしました。

「今日は夏休みだから、お母さんといっしょに来てくれたのね」

と。女の子は、「うん」

とうなずきました。

私は、このおかみさんは、会話の達人だと思いました。短い時間の中で、コミュニケーションがとれるのですから。

おいしいパンが買えただけでなく、おかみさんとのコミュニケーションで、すがすがしい気持ちにさせてくれ、これからもパン屋さんに行くのが楽しみです。

最近コンビニでも、客が入店すると、

「いらっしゃいませ、こんにちは」

と、「こんにちは」のあいさつを付け加えるようになりました。

それは、「私たちは、心を開いて、お客様を喜んでお迎えしています」という店の心配りだと思います。ただ、このあいさつも、店員がマニュアルどおりに言っているだけでは、心のないロボットが声を出しているようで、客の心をつかむことはできません。

校門で、「おはようございます！」

私は、小学校の校長の時、毎朝学校の校門に立ち、子どもたちを、

「おはようございます」

と言って、迎えました。そうすると、

「おはようございます」

という元気な子どもたちの声が、返ってきます。

時々、あいさつのない元気のない子どもがいた時は、

「今日は元気がないけど、具合が悪いんじゃないの？」

と、声をかけるようにしていました。養護の先生に連絡して、
保健室に直行ということもありました。

あいさつの声は、子どもの体調のバロメーターにもなります。

また、

「校長先生、昨日、お父さんとカブトムシを捕りに行ったんだよ」

「よかったね。今度、校長先生にカブトムシ見せてね」

「校長先生、本、百冊読んだよ」

「すごいね！　休み時間に、校長室来てね」（校長室の机の中に、鉛筆などの文具品を、激励用に用意してあるので）

と、いつも校門前は、子どもたちとの語らいの場となります。

校長が毎日、校門で子どもたちを迎えることで、子どももいつでも校長先生に相談ができるので、「いじめ」の早期発見にも効果があると思っています。


私は、さまざまな学校を訪問した時、校内で出会った子どもたちが、私にあいさつしてくれるか、関心を持っています。

子どもたちがきちんとあいさつができる学校は、校長や先生方のほうから、子どもたちに「おはようございます」など、声かけをしている学校です。

子どもたちが、あいさつができない学校は、「あいさつをしっかりしましょう」というスローガンのみの学校です。

ディズニーランドは、なぜ、多くの人がやってくる?

ディズニーランドには、多くの人がやってきます。それは、他の遊園地とは一味違う、魅力があるからです。

その魅力の一つは、「人間社会」のコミュニケーションを大切にしている点だと思います。

入場する時、ゲートでは、キャスト（スタッフ）が笑顔で、

「おはようございます！」

と言って、ゲスト（来園者）を迎えてくれます。もちろん、午

後は「こんにちは」、夜は「こんばんは」です。「いらっしゃいませ」とは言いません。これはゲストとのコミュニケーションを考え、あえて言わないようにしているそうです。

笑顔で「おはようございます」と言われると、つい「おはようございます」と返したくなります。一方、「いらっしゃいませ」と言われても、返す言葉がないので、一方通行で終わってしまいます。

テーマパーク内では、「ミッキーマウス」や「くまのプーさん」など、ディズニーのたくさんのキャラクターたちが笑顔で迎えてくれ、「いっしょに写真を撮ろう!」と、誘ってくれます。

また、子どもが風船などの買い物をする時は、キャストはしゃがんで、子どもの目線に合わせて風船を渡しています。

相手の目を見てコミュニケーションすることは、相手を気持ちよくさせてくれるものです。

「あいさつ」「笑顔」「アイコンタクト」のコミュニケーションの質を高めることで、多くの人たちが、何回もやってくるのです。

ほめると、「あいさつ」ができるようになる

私が子どもの頃、母は、しつけについては厳しいほうではありませんでしたが、あいさつだけは、きちんとさせられました。特に来客がある時は、部屋に入ったら正座して、畳に指先をついて、

「こんにちは」

と、あいさつさせられました。すると、ほとんどの客が、

「えらいね。お宅のお子さんは、きちんとあいさつができて、立派ですね」

と、母に言います。私も横で聞いているわけですから、あいさつをして皆にほめられることが快感になっていきました。

買い物にもよく行きました。今のようにコンビニやスーパーがあるわけではないので、きょうだいで手分けして行きました。

店に行くと、店のおばちゃんがいつも、

「こんにちは」

と言います。恥ずかしがり屋の私でも、

「こんにちは」

と小声で返します。

ここから、おばちゃんとのコミュニケーションが始まります。

お店の帰りには、おばちゃんが必ず、

「はい、お駄賃《だちん》」

と言って、飴玉《あめだま》一つくれたものでした。

ところで、我が家の前に住むご家庭には、中学生の男の子と小学生の女の子がいます。毎朝、お兄ちゃんが早く家を出て、妹が後から家を出ますが、その都度、お母さんは家の前に出て、さらに二十メートル先の曲がり角まで出て、「行ってらっしゃい！」と言って、見えなくなるまで見送っています。

中学生くらいになると、そんなお母さんの見送りを恥ずかしがるものですが、そんなそぶりもなく、お母さんに見送られ元気に学校に行っています。

子どもは、こうしてお母さんに見送られると、帰宅時は寄り道をしないで帰るものです。

学校から、家に帰りたがらない子どもは、出かける時に、お母さんから見送られることのない子かもしれません。

我が家の前に住む二人の子どもは、帰宅した時も、きっとお母さんが、

「お帰りなさい！」

と、迎えているることでしょう。


「あいさつ」は、たった一言の短い言葉ですが、いろいろな意味が隠されています。

「行ってらっしゃい」には、「今日も元気で、勉強やクラブをがんばってね」

「お帰りなさい」は、「今日も一日、楽しく過ごせてよかったね」

「いただきます」は、「お母さんの作ってくれた料理に感謝して」

「ごちそうさま」は、「お母さんの作ってくれたハンバーグ、おいしかったよ」

などと、「あいさつ」は、コミュニケーションの大事な役割を担《にな》っています。

子どもの頃、あいさつすることを、親や地域のおじさんやおばさんたちから学んだ私たちが、今度は、孫や地域の子どもたちに、「あいさつ」の声かけをしていく番です。

第三章

みんなで子育て参戦！

一、シニア世代にしかできない、子育て参戦

それは、「人間社会」復活運動です

私は、シニア世代のおじいちゃん、おばあちゃんの皆さんこそ、子育てに参戦してほしいと思っています。そして、子どもたちをスマホやゲームなどの「画面社会」から、「人間社会」に戻す手伝いをしてほしいのです。

「人間社会」とは、人類が地球上に誕生してより今日まで築いてきた社会です。その社会が、日本でも、ＩＣＴ（情報通信技術）の普及により、脅《おびや》かされ始めています。ＩＣＴの普及した社会がつ

くりだしたものは、「画面社会」です。

この「画面社会」になってから、子どもたちの生活は一変しました。私は「いじめ」「不登校」「引きこもり」「ニート」などの原因の一つは、この「画面社会」にあると思っています。

そこで、シニアの皆さんといっしょに、子どもたちを「人間社会」（子ども社会）で育てる努力と工夫をしていきたいのです。

育ててもらいたい子どもたちは自分の孫だけではありません。地域の子どもたちや、その子どもを育てているお父さん、お母さん（皆さんの息子や娘）も含めた人たちに向けて、「人間社会」復活運動を、あせらずゆっくりと、自然体で進めていきたいのです。

その前に、もう一度、今の子どもたちの置かれている環境と、子どもたちの姿を確かめておきたいと思います。

私が最初に赴任《ふにん》した学校は、足立区立弘道《こうどう》第一小学校、五年二組でした。その教え子が、今年、還暦《かんれき》を迎える年になりました。孫がいる人もたくさんいます。そして、今年の「萩《はぎ》の会」(同窓会)で、子どもの時の話に花が咲きました。

「今は、僕たちの子どもの頃とは、まるっきり変わっちゃったよ」

「どういうことが?」

「子どもの時、親といっしょに出かけることなんて、全くなかったよね」

「そう、僕なんか、家族で旅行に行った記憶はないよ」

「昔は、家族旅行なんて、お金持ちが行くもんだと思っていたもの」

「外食だって、ほとんどしなかったよね」

「ファストフードやファミレスみたいに、気軽に入れる店もなかったし」

「今なんか、家族でファミレスに行くなんて当たり前だもんね」

「昔は、親は食べ盛りの子どもたちに、今日は何を食べさせようか、苦労していたんじゃないのかな」

「あの頃、先生は毎月、給食費の給食袋が集まらなくて、困っていたんだよ。払えない家庭の事情も分かるし、私のポケットマネーで、随分立て替えていたんだよ」

「えっ！　誰だ？　先生に迷惑をかけたやつは(笑)？」

「もう時効です。私の投資のおかげで、皆、こんなに立派になったんだから(笑)」


私の家庭もそうでしたが、昔は、貧乏な家庭がたくさんありました。でも、子どもたちは、明るく、元気に育ちました。「学校に行きたくない」なんていう子は、まわりにいませんでした。

今は、どうでしょうか。家庭の中は、家電製品に囲まれて、ワンタッチで何でもできる生活です。食品や生活必需品は、家の近くのスーパーやコンビニで手軽に買え、冷凍食品で、長期保存ができるようになりました。生活が便利になったぶん、子どもたちが家でお手伝いできることも少なくなったのではないでしょうか。

そろばん塾を経営している教え子は、

「先生、今の子は、応用力がなく、夢のない子が多いですよ」

と言っていました。

ワンタッチの生活が、子どもの応用力を奪い、考える力を奪っているとしたら、悲しいことです。

子どもの頃を思い出して！

私は子どもの成長のために、必要なものは二つあると思っています。一つはコミュニケーションであり、もう一つは五感を使っての体験的行動です。脳が成長していく三要素も、「話すこと」「動くこと」「体験すること」ですから、学力向上にも役立ちます。

コミュニケーションについては、前章で詳しくお話ししました。ここでは、五感を使っての体験的行動について、考えてみたいと思います。

私たちが子どもの頃は、「子ども社会」の中で、日々、体験的行動によって、人間としての生き方を学びました。

そこで、シニアの皆さんに「子ども社会」で育った時を思い出していただくために、もう少し私の子どもの頃の話をしたいと思います。

子どもの時、どんな遊びをしましたか？

私は、学校から家に帰ると、ランドセルを放り投げて遊びに行きました。近所の子とは「缶けり」「だるまさんが転んだ」「どろけー」「馬跳び」「竹馬《たけうま》」「めんこ」「ベーゴマ」「ビー玉」「けん玉」「お手玉」、少し家から離れて、「セミ捕り」「トンボ捕り」「フナ・ザリガニ捕り」、正月には、「羽根つき」「コマ回し」「凧《たこ》揚《あ》げ」など、いろいろな遊びをしました。

遊び道具は、子どもたち自身の手づくりでした。私の家では、「竹馬」は次兄が作ってくれました。作れないものは、駄菓子屋《だがしや》で手に入れました。その頃、子どもがたくさんいる地域では、今のコンビニのように、駄菓子屋がたくさんあったのです。子どもたちは、家の手伝いをしたりして母親からお駄賃《だちん》をもらい、お小遣いをためて、「めんこ」や「べーゴマ」などを買いました。

とにかく子どもの頃は、遊びが忙しく、家の中にいる子などほとんどいませんでした。子どもたちは遊びの中で、友達と話し、動き、たくさんのことを体験しました。

こうして、「子ども社会」でたくましく、生きる力を身につけていったのです。

第3章 みんなで子育て参戦！

子どもの時、どんな家の手伝いをしましたか？

私は、小学三年生までは、疎開地の埼玉・浦和にいました。六人きょうだいの末っ子でしたので、家の手伝いは、ほとんど、兄や姉がしてくれました。

私の母は、祖父が、江戸時代から代々続いた庄屋だったので、実家にはお手伝いさんがたくさんいて、〝お嬢さま〟で育ちました。お嬢さま育ちの母は、家事はほとんどやりませんでした。何とか食事の支度《したく》だけはしていましたが、他の家事は長姉がしていました。その上、母は、家の外に一切出ない人でしたので、幼稚園の送り迎え、小学校の入学式、学芸会、運動会等の学校行事には、いつも長姉が来てくれました。母が外に出かけなかったのは、父が事業に失敗をして借金をつくってしまい、母が嫁入りで持ってきた高価な着物など、金目《かねめ》のものはすべて質屋に持っていってしまったため、貧相《ひんそう》な服装で出かけるのが恥ずかしかったからです。

このように、百一歳で亡くなるまで〝お嬢さま〟を貫き通した母でした。

ということで、私の五歳の「七五三」の写真でも、私の横に立っているのは、母ではなく長姉でした。

浦和の家は水道もガスもありませんから、水は、井戸水を台所にある手押しポンプで吸い上げ、使っていました。風呂はありましたが、使う時は、台所から井戸水をバケツに入れて、何度も風呂桶《おけ》に入れました。また、風呂釜《がま》でまきを焚《た》いてお湯を沸かしました。これらは子どもたちの仕事でした。

もう一つ大変なのが、火おこしです。ガスがないので、七輪《しちりん》に新聞紙と燃えやすい木を入れて、マッチで火をつけ、火種ができたら練炭《れんたん》を入れ、火をおこしました。この一連の作業は、兄や姉の仕事でしたが、必ず、庭でやっていたことを思い出しました。練炭は一酸化炭素を大量に発生させるので、一酸化炭素中毒にならないようにしていたのです。

それから、買い物に行っても包装紙はないので、必ず買い物かごを持っていきました。醬油《しょうゆ》を買う時は、一升瓶《いっしょうびん》を持っていき、酒屋さんで瓶に入れてもらいました。

食事の時は、食卓に並んだものはほとんど残さず食べましたので、捨てるのは魚の骨くらいで、残飯《ざんぱん》は出ませんでした。魚の骨は、庭の菜園に肥料としてあげていました。

昔の人は今も、「物が捨てられない」といいますが、子どもの頃の、「使えるものは、捨てないで、最後まで使う」という習慣が身についているため、そう簡単に処分することができないのです。私もその一人ですが。

こうして子どもたちは、自分の手を使いながら、日々の実体験から、生活の知恵を多く学ぶことができました。

私の子どもの頃の遊びと、家の手伝いについて思い出して書いてみましたが、今の時代の子どもたちには、想像できないことが多いでしょう。

ただ言えることは、私たちは、自分の「手」を使い、「考え」そして、「行動」したことです。そうして、「画面社会」の「見る」だけでは得ることのできない「生きる力」を自然に身につけることができたのです。

子どもたちと、ホタルを飛ばす

最近、おばあちゃんたちが、サークルでお手玉を手づくりで作り、地域の子どもたちとお手玉遊びをしている光景を見ました。

昔の子どもたちの遊びが、まだ消えていないと心強く思いましたし、さらに、おばあちゃんたちが子どもたちに、今大切なことを、お手玉を通して教えてくれているように思え、心で拍手を送りました。

私は、小学校の教員の頃から、学校で子どもたちとヘイケボタルの幼虫を育て、五月に、校内の池に幼虫を放流し、ホタルを飛ばしていました。

小学校校長を退職後は、地域の子どもたちや立川市内の小学校で、体験学習をさせたいと思い、自宅で育てたヘイ

ケボタルの幼虫を、仲間といっしょに、地域の公園の池や、小学校のビオトープ（環境教育の教材として再現された草地や池などの空間）などに放流し、ホタルを飛ばしています。

大人の方に聞くと、子どもの頃、家の近くの小川の周辺で、ホタルがたくさん飛んでいるのを見たという人は多くいます。でも、子どもたちに聞いてみると、ほとんどの子が直接飛んでいるホタルを見たことがないそうです。

ホタルは、自然界では幼虫の時、きれいな水の流れる小川で、カワニナを食べながら過ごします。ホタルが生息しているのは、自然が美しく、豊かである証なのです。

こうした観点から、今では環境学習の一環として、ホタルを教材として学習活動に取り入れている学校も出てきました。

今、心あるおじいちゃん、おばあちゃんたちには、孫世代の子どもたちのために、各地域で子どもたちの成長を願い、「節分の豆まき」や「もちつき」などの日本の伝統行事や、自然に親しむ「自然観察会」などのボランティア活動をしている方々も多く見られます。

私はもっと多くの人が、さらにさまざまな場所で活躍してほしいと、心から願っています。

おじいちゃん、おばあちゃんの子育て参戦を、地域や学校の子どもたちが待っているのです。

二、シニアの皆さん、出番ですよ！

語り合えば、心が動く

総務省は、二〇一五年末で、携帯電話・PHS・スマホを持っている人が、八一・四％になったと発表しました（「平成二十七年通信利用動向調査」）。

もはや現代人は、スマホやガラケー（日本独自の機能を搭載した従来型の携帯電話）なしでは、生活できない時代を迎えました。

私が心配していることは、子どもたちの生活がスマホによってどのように変わっていくのか、予測が立たないことです。ただ言えることは、ますます人間社会のコミュニケーションがなくなっていくことです。

私と同じように、家で〝おじいちゃん〟〝おばあちゃん〟と呼ばれているシニアの方々も、心配している方が多いと思います。

その心配を、シニアの方々は、私といっしょに行動に移してください。「子育て参戦！」という形で。

私は本書で、「子ども社会」で育った子どもの頃と、その時の家族の様子を随所で紹介させてもらいました。子どもは、家族のコミュニケーションの中で育ってきたということに気づいてほしかったからです。

そこで、皆さんも、ご自分の子どもの頃とその時の家族の様子について、思い出してほしいのです。そして、自分の孫や身のまわりにいる子どもたちに語ってください。

人と人とが触れ合うコミュニケーションがあれば、孫や子どもたちは、必ず心を動かします。後は、私たちの行動です。

その孫や、子どもたちとのコミュニケーションのきっかけが、「あ・い・う・え・おのコミュニケーション術」です。

私の孫は、一生懸命私の話を聞いてくれます。そして、「自分もやってみようかな」と言うこともあります。それは、いつも私が、「ありがとう」「いいね」「うれしい」「えらい」「おはよう」をコミュニケーションの軸に置いているからだと思います。

子どもに会ったら、「おはよう!」

さて、この本のタイトルは「みんなで子育て参戦!」です。子育てには、お父さん、お母さんだけではなく、おじいちゃん、おばあちゃん、地域の皆さんと、多くの人の力が必要です。特におじいちゃん、おばあちゃんの持っている力は、絶大です。皆さんには、自分の孫、地域の子どもたち、そして、私たちが出会うすべての子どもたちのために、もうひと踏ん張り、がんばってほしいのです。「若い者には負けない！」と言っているシニアの皆さんの声が聞こえてくるようで、心強いです。

そこで、私たちが、「あ・い・う・え・おのコミュニケーション術」を使って、日頃できることを考えてみたいと思います。

最近、友人に会った時、こんなことを言っていました。

その友人は、一年前までは駅より少し遠いマンションに住んでいましたが、病気をしたため、車の運転をやめて、駅に近いマンションに引っ越しました。

友人が、久しぶりに前に住んでいたマンションの知人に会いに行った時、マンションの前で遊んでいた子どもたちが、

「あっ！　あいさつおじさんだ！」

と言って、友人のところに飛んできたそうです。

実は、友人がそのマンションに住んでいた時、子どもたちを見かけると、大きな声で、「おはよう！」や、「こんにちは！」と言っていたので、いつしか子どもたちから、「あいさつおじさん」のニックネームがつけられました。やがて、そのマンションでは、友人の思惑どおり、子どもたちは、誰に会ってもあいさつするようになったようです。

私の家のまわりにも、小・中・高校生の子どもたちがいます。その子どもたちは、私に会うと、必ず元気にあいさつをしてくれます。

私は、子どもたちが小学校入学前から、その子どもたちを見かけると必ずあいさつをしていたので、大きくなってもあいさつを交わす習慣が身についています。

孫や近所の子どもたちと顔を合わせたら、まず、「あいさつ」することを心がけてください。

「あなたは、どう思うの？」

子どもたちは、学校や家庭で「～しなさい」や「～してはいけません」の「命令」「禁止」言葉に囲まれて生活しています。

そのため子どもたちは、お母さんが言ったとおりにやっていればしかられないし、面倒ではないため、そのとおりやります。そうすると子どもたちは、だんだん自分で考えることをしなくなっていきます。

自分で考えるようになるためには、子ども自身が、問題場面にぶつかり、それを自分の力で解決していくことです。近くに、助けてくれる人がいなければ、「どうしよう？」と自分で考えざるをえません。

ですので孫や子どもたちが、おじいちゃんやおばあちゃんに、何か質問してきたら、

「あなたは、どう思うの？」

と、聞き返しましょう。そして、子どもが自ら考えて、どうするか言ったら、

「いいね」

と共感してあげ、そして、

「えらい」

と、子どもが考えたことをほめてあげてください。

そのうち、子どもは自分で考える習慣が身につき、自立していきます。

孫に連れて行ってもらう旅行

次に、孫といっしょに、買い物に行ったり、遊園地に行ったり、時には旅行に行ったりしてください。ここで大事なことは、お父さん、お母さんがいっしょに行かないことです。特に、お母さんがいっしょだと、子どもはお母さんが何でもしてくれると思い、わがままになります。ところが、おじいちゃんやおばあちゃんだけだと、わがままができません。むしろ、いたわりの気持ちが出てくるはずです。

ところで、孫にはめっぽう甘いおじいちゃんやおばあちゃんもいますが、要注意です。孫の言いなりになることが愛情だと錯覚《さっかく》をしないように。

私は時々、妻といっしょに、昭島市にある手打ちうどんのおいしい「清水庵」に行きます。

先日私たちが店に行った時、昼の最後の客だったこともあり、奥さんから、「孫といっしょに旅行してきたのよ」と声をかけられました。

聞くと、夏休みに入ったので、いっしょに住んでいる小学三年生の孫娘を連れて、ご主人と三人で長野県の秘境の遠山郷《とおやまごう》と、天空の楽園・星空のきれいな阿智村《あちむら》に、一泊二日の旅行をしたそうです。秘境といわれる遠山郷は、南アルプスのふもと、山と渓谷《けいこく》に囲まれた場所にあります。見晴らし台までは、バスを降りて、かなりの山道を歩かなくては行けないところで、ご主人は私と同じ年ですから、山登りは大変苦労したようです。そんな山道を、孫娘は、おじいちゃん、おばあちゃんをいたわりながら、先頭に立って、見晴らし台まで連れて行ってくれたそうです。

奥さんは、見晴らし台から見る「遠山郷」の絶景に感動したそうですが、それ以上に、孫娘の優しさと、成長ぶりがうれしかったようです。

きっと、山登りの途中、ご夫妻は、何度も孫娘に「えらいね！」「ありがとう」を言っていたと思います。

おいしい「野草の天ぷら」

私の家の近くには、玉川上水が流れています。

玉川上水は、一六五三（承応二）年、江戸市民の飲料水・武蔵野台地の灌漑《かんがい》用水等のために造られた全長約四十三キロメートルの導水路です。多摩川の水を羽村《はむら》から引き込み、新宿・四谷大木戸《よつやおおきど》まで届けていました。

その玉川上水周辺の自然の保護と回復、そして、よりよい地域の生活環境をつくろうと、「玉川上水の自然保護を考える会」が活動しています。会員はほとんどがシニアの方々で、私も会員の一人です。

月二回、緑道の清掃をしていますが、夏休みになると、地元の中学生や高校生たちが、私たちといっしょにボランティア活動でごみ拾いをしてくれます。

私たちの会では、子どもたちのために、玉川上水周辺の野草などの自然観察会をしています。その時は、観察会が終わった後、野草の天ぷらうどんをつくって、参加者に食《しょく》してもらっています。子どもたちは、今、観察してきた道端に生えている野草が食べられることに驚き、天ぷらにするととてもおいしいことに、また驚きます。

そのほか、ホタルの幼虫の放流と観察会、小学校のプールでの「ヤゴ救出作戦」、もちつき大会など、子どもたちにたくさんのことを体験してほしいと願い、企画しています。これらを運営しているのは、ほとんどがシニアの方々です。

ところで、皆さん方の地域にも、必ずいろいろな社会教育団体があるはずです。そこでは、子どもたちに会えるチャンスがたくさんあります。そして、集まった子どもたちと、「あ・い・う・え・おのコミュニケーション術」で仲良しになって、たくさんの体験を積ませてあげてください。

「あ・い・う・え・お」は、ボケ防止

「これから、子育てに参戦するの？」と躊躇《ちゅうちょ》している、シニアの方にお話しします。

もしかして、やることがなく、一人でだらだらとテレビを見て、一日中、ごろごろしていませんか。

私が、皆さんに子育てに参戦してほしいもう一つの理由は、「ボケ防止」のためです。

認知症に関する本を読むと、専門家のほとんどの方が指摘していることとして、「ボケ防止」に有効なのは、「人に会うこと」「散歩や運動をすること」「好きなことをやること」のようです。

昭和十八（一九四三）年生まれの私は、幸いにも健康で、ボケないで、毎日を元気に過ごしています。その秘訣は、現在の私のライフスタイルにあるかもしれません。

「子育てアドバイザー」として、教育セミナーで講演。創価大学通信教育部・非常勤講師として授業。「玉川上水の自然保護を考える会」など四つの社会教育団体に所属して、玉川上水の自然保護活動や地元の公園の美化活動などをしています。また、「東京都生活会議連絡協議会」など、四つの会議の委員を務め、「今日は、何をしようかな？」と時間を持て余す日は、一日もありません。

私の毎日は、朝のラジオ体操から始まります。そして、我が家で育てている「ゲンジボタル」と「ヘイケボタル」の幼虫約七千匹の飼育です。この幼虫は、毎年五月に、立川市などの小川や公園、小学校のビオトープで放流し、ホタルを飛ばします。

また、写真とゴルフが趣味です。写真サークルに所属し、写真展を開催したり、ゴルフ倶楽部《くらぶ》の世話係をしたりしています。

私が元気でボケないのは、たくさんの人に会い、よく動き、そして、好きなことをやっているからだと思っています。

シニアの皆さん、未来を担《にな》う子どもたちのため、そして、自分自身のため、孫や子どもと「あ・い・う・え・お」のコミュニケーション術」を使ってどんどん触れ合い、大いに動きましょう。自分の好きなことをやりましょう。

三、お父さん、お母さん、がんばって！

「ダメな子は、絶対にいない！」

私は、小学校の教員時代、多くのすばらしい子どもたちと出会いました。その子どもたちの成長は、教師という私の存在以上に、子どもたちといっしょに生活しているお父さん、お母さんの影響が大きかったと思っています。

「ダメな子は、絶対にいない！」——これは、教師になってから今日まで、私の一貫した考えです。

もし「ダメな子」が目の前にいたら、それは、その子が「ダメな子」を演じているだけです。心配することはありません。

教師がどんなに努力しても、「ダメな子」を演じる子どもを、「よい子」に変えることは難しいのですが、お父さん、お母さんなら、子どもへの関わり方次第で、子どもを変えることができます。

それは、教師と子どもは、「他人」であることに対して、親と子どもは、「血」と「情」でつながっていることによります。「他人」は、教えることはできても、育てることはできません。育てることができるのは、「血」と「情」の関係を持つお父さん、お母さんしかいないのです。

「今日も元気で十か条！」

ところで、日夜、子育てにがんばっているお父さん、お母さんを応援するために、これまで教育セミナーで、子育て論を話してきました。

シニアの皆さんの中には、子育てをしていた時、私がかつてお母さんに向けて提案した、「今日も元気で十か条！」を目にしたことがある方もいると思います。

一、朝一番に起きて
二、身支度整え、朝食作り
三、顔を合わせたら、元気に「おはよう」
四、いっしょに朝食を食べて
五、「しなさい」「いけません」は言わないで
六、元気に「行ってらっしゃい」と
七、整理、整頓、きれいな部屋に
八、元気に「お帰りなさい」と

九、テレビを消して、いっしょに夕食を食べて
十、笑顔で「おやすみなさい」を

これを毎日実行できたお母さんの子どもは、立派に成長したことと思います。

この「今日も元気で十か条！」は、まだまだ有効です。ただ、今はお母さんばかりがこの〝十か条〟をがんばる時代ではありません。ぜひお父さんも〝十か条〟に挑戦してください。そして、奮闘するお母さんを支えていってください。みんなで、楽しく実践してもらえればうれしいです。

あとがき

一昔前、世の中で怖いものの代名詞といえば、「地震・雷・火事・おやじ」とよくいわれていました。私の子どもの頃は、「おやじ」は「おやじ」でも、近所の「おやじ」が、とにかく怖かった記憶があります。

空き地で草野球をしていて、打ったボールが飛んでいき、怖い「おやじ」のいる家のガラスを割ろうものなら、さあ大変。「おやじ」の怖さを知っている私たちは、野球を中断し、恐る恐る全員であやまりに行きました。一人で行ったのではとてもたえられないと思ったくらい、「おやじ」が怖かったのです。

でも、この「おやじ」、「今度ガラス割ったら、ボールを返さないぞ！　どうしたらガラスが割れないか考えろ！」と言いながらも、ボールを返してくれました。怒るだけで、「ガラス代を弁償しろ！」とは決して言いませんでした。昔の「おやじ」は、口とは反対に子どもたちには寛大で、「しょうがないな」くらいに思っていたのでしょう。

子どもたちは、こうした「おやじ」のおかげで、社会のルールを学んでいきました。実は、昔の「おやじ」は、日頃から、地域の子どもたちを陰で育ててくれていたのです。

ところで、この怖くて、心の広い「おやじ」、今は、どこに行ってしまったのでしょうか。

同じく、口うるさく、おせっかいで、それでいてお人よしの「おばさん」もいなくなりました。

本書のタイトルを、「みんなで子育て参戦！」としたのは、子育てを、子どものお父さん、お母さんに任せておかないで、おじいちゃん、おばあちゃん、そして、地域の「おやじ」と「おばさん」にも再登場してほしいと願ってのことです。

しかし、今の子は、怖い人、口うるさい人を嫌います。近寄りません。小さい頃から、そういう人と関わった経験がないので仕方がないことですが。

子どもが近寄ってこないのなら、こちらから関わっていけばいい。そこで、大人のみんなが、子どもと仲よくなれる「あ・い・う・え・おのコミュニケーション術」で、未来に夢のある子どもたちを育てていきたいと思うのです。「自分の生き方を考えることのできる子」になることを願って。

最後に、本書の出版にあたって、楽しいカットを描いてくださった私の教え子の矢島友美さん、また、第三文明社の編集部の皆様に、お世話になりましたことを心から感謝申し上げます。

二〇一六年十一月

萩本悦久

カバーデザイン／黒川美穂（OICHOC Inc.）
カバー写真／柴田 篤
本文レイアウト／安藤 聡
本文イラスト／矢島友美

【著者略歴】
萩本悦久（はぎもと・よしひさ）
1943年、東京都生まれ。東京学芸大学卒業。東京都千代田区立番町小学校ほか都内の小学校教諭を経て、2003年、東京創価小学校校長を退任。現在、創価大学通信教育部非常勤講師。「子育てアドバイザー」として、全国でこれまでに1000回を超える講演活動を行う。コメディアン・萩本欽一の実弟。著書に『勉強をヤル気にする親、ダメな親』『萩本家・母は100歳のお嬢さま』（以上、小社）など多数。

みんなで子育《こそだ》て参戦《さんせん》！
——「あ・い・う・え・お」が心《こころ》をつなぐ

2017年1月26日　初版第1刷発行

著　者　萩本悦久《はぎもとよしひさ》
発行者　大島光明
発行所　株式会社　第三文明社
東京都新宿区新宿1-23-5
郵便番号　160-0022
電話番号　03-5269-7144（営業代表）
03-5269-7145（注文専用）
03-5269-7154（編集代表）
振替口座　00150-3-117823
URL　http://www.daisanbunmei.co.jp
印刷・製本　中央精版印刷株式会社

ISBN 978-4-476-03363-2